꽃으로 피고 지고

香村 백복윤 시집

홍 익 출 판 사

自序

1991년 『문학세계』로 등단한 이후, 20여년이 덧없이 지났다. 그동안 몇 번인가 망설인 적도 없지 않았지만 아직은 때가 이르다는 생각에 미루어오다가 결국은 이렇게나마 공직생활의 마감을 앞두고, 지금까지 써온 시편 중에서 선별하여 첫 시집을 상재한다.

여기 실린 것들이 나의 시를 대표한다고 생각하니 부끄럽고 허탈함이 앞선다. 소중한 삶의 한 때는 곧 유명시인이라도 될 듯, 뒤돌아보면 감히 '詩 · 書 · 畵 · 音' 사위일체를 꿈꾸며 서예와 수묵화, 국악을 한답시고 분망하다 어느 것 하나 흉내라도 제대로 낸 것은 없다. 비록 이 시집이나마 문학의 바다를 이루는 작은 시냇물에 떨어지는 빗방울이거나 순결한 영혼의 상징인 눈송이가 되기를 소망한다. 황악산의 산자락 고향 친지와 유년의 동무들, 학창시절 그 피가 뜨거웠던 벗들과 군생활의 전우들, 오랜 공직생활 동안 고락을 함께 해 온 동료들, 많은 애정과 사랑으로 오늘의 나를 있게 해준 고맙고도 운명적인 인연들에게 삼가 따뜻한 감사를 드린다.

앞으로 십년 혹 이십년쯤 뒤 조금은 덜 부끄러운 시집을 꿈꾸며, 문학초년생의 가슴 두근거림으로 새로운 생활의 출발점을 향해 발걸음을 옮긴다.

目次

꽃으로 피고 지고

봄 여름 가을 겨울

고향은 멀어지고

초병의 향수

발길 머문 곳에 그리움이

그리운 언덕

꽃으로 피고 지고

할미꽃

봄이면 어느 이름 모를 무덤 가
꿈같은 인생 몸만 늙어 스러진 영혼이
사춘기를 앓는다
솜털 보송보송한 목덜미
붉게 타는 정열 안으로 삭이는
하얀 영혼의 아픔

고목에도 물오르는 이 봄엔
떠난 이의 빈 터에도
먼 옛날 추억이 고개를 떨군다

〈1988〉

진달래 II

강남에는 라일락
꽃잎 지는데
평안도 산골에사
진달래 핀다
영변 약산 아래
사는 처녀야
평안도 봄밤에
소쩍새 울거든
아바이 수령에게
일러나 주렴

소월은 죽어
소쩍새 되어
그립고 한 많은 북녘 봄밤을
"소월쩍" "소쩍"
밤 새워
울고 있다누

〈1988〉

어느 봄날

나른한 권태의 외마디 울음 우는
빛 좋은 장끼 한 마리

까투리 가족을 데리고 숨어 든
복숭아밭에

연분홍 나비 떼가
눈처럼 내렸다

〈1988〉

사월이 오면

꽃이 피는지
꽃이 지는지
연분홍 꽃 피면 가슴 저미던
나의 봄은 어디로 갔는지
사월이 오면
고향 앞산 진달래
꽃그늘 아래 숨어
소쩍 소쩍 밤 새워
울고 싶어라
"소 쩍"
지나간 시절과
"소 쩍"
그리운 사람들과
"소 쩍"
꿈같은 우리의 삶과
"소쩍 소쩍 소소쩍 소쩍 …… "

〈2000〉

춘화도春畵圖

봄날 이른 아침 여느 때처럼 무심히 산길을 올랐습니다. 산 벚꽃이 봄비를 맞아 오솔길 위에 점점이 떨어져 있었습니다. 길모퉁이를 돌다가 오줌이 마려워 하얀 꽃이 키를 넘겨 피어 난 조팝나무 숲을 헤치고 바지를 내렸습니다.
그 때 조그만 개울 건너 묘지 앞에서 무엇인가 움직이는 것이 있었습니다. 아! 그것은 화려한 깃털을 걸친 장끼란 놈이었습니다. 그 놈은 마치 한 시대를 풍미한 장군의 걸음걸이를 흉내라도 내듯이 위풍도 당당하게 몇 발자욱을 옮기더니 갑자기 오색이 찬란한 목을 길게 빼어 들고는 “껄 껄” 하고 외마디 호통을 치는 것이었습니다. 그러자 봉분 뒤에서 까투리 한 마리가 종종걸음으로 걸어 나오는 것이 아니겠습니까! 고것은 가랑잎을 쪼는 시늉을 하며 몸을 땅바닥에 착 붙이고는 아장아장 몇 걸음 걸어갔지요. 그런데 이 장끼란 놈 좀 보소. 목을 두어 번 주억거리더니 잽싸게 까투리 등에 올라가는 것이 아니겠습니까! 더 가관인 것은 이렇게 벌건 대낮에 그렇게 낯 뜨겁게 꼬리를 맞추고도 아무 일 없었던 것처럼 능청스럽게 다북솔 뒤로 사라지는 까투리였습니다.

괜스레 혼자 얼굴을 붉히고 있는데 갑자기 장끼 녀석이 개선장군처럼 목을 쳐들고는 좀 전보다 더 큰 소리로 "껄 껄" 하고 골짜기가 다 울리도록 호탕하게 웃는 것이었습니다.
못된 짓 하다 들킨 양 깜짝 놀라 황급히 바지춤을 추스르고는 살그머니 조팝나무 꽃덤불 사이를 빠져 나오고 말았습니다.
그 날은 하루 종일 나도 "껄 껄" 하고 소리치고 싶어서인지 목젖이 간질간질 해 오는 것을 참느라 헛기침만 자꾸 하였습니다.

〈2006〉

봄날의 발자국

봄날 아침
목련꽃잎 밟고 가다
발목을 삐었다

아린 발목을 절며
꽃잎에 덮인 돌멩이와
돌멩이를 가린 꽃잎을 탓하는
어설픈 봄날의 발자욱들

봄날이 가고
또 한해의 목련꽃 지는데
나는 아직도
하필이면 돌 위에 내린
꽃잎을 탐하며
아직도
꽃잎에 숨은 돌멩이를 탓하며

어디쯤일까
무수한 허방을 디디며 지나온 길

다시 봄 오고
산에 들에 꽃 피면
아픈 것이 발목뿐이더냐
눈 시리고 가슴도 아리는 것을

복숭아꽃, 살구꽃, 아기진달래…
꽃마다 시리고 저린 지병을 달고
아린 발목으로 절며 가는
봄날의 발자국

〈2012〉

오월 어느 날

성암산 수정사 뜨락에는
오래 묵은 오동나무, 아카시아
소나무들이 서 있고
아침마다 스님은
나무그늘을 쓸었다
오월이면
하이얀 아카시아 꽃이 피고
연보라 빛 오동 꽃도 피고
작은 벌레 같고 밀알 같기도 한
솔 꽃도 무수히 졌다
그런 아침이면
스님은 꽃잎만 가득히 쓸어 모았다
티끌을 쓸어도 꽃잎만 쓸리는
아름다운 오월 어느 날

〈2000〉

오 월

묵은 아카시아 나무
높다란 까치집

오월이면
하이얀 아카시아 꽃 속에 묻혀
가슴이 뽀오얀 까치가
전설처럼 살았다

〈2000〉

개화開花

겨우내 찬바람 소리 내던
벚나무 가지

그저께부터 지나는 사람에게
실없는 웃음 배시시 흘리더니

오늘은 가슴이 환하도록
함박웃음 터뜨렸다

〈2003〉

오월 민들레

민들레 무리 진 들길을 지납니다
아부지 오늘은 나랑 놀아 줘
놀이동산에도 가고
맛있는 것도 사 주고....
큰 딸의 목소리가 들립니다
오늘은 어린이 날입니다
애비는 인력시장 잡부로
농장의 짐차를 타고 들길을 갔습니다
민들레가 무리지어 피면
꼭 눈물방울 같다는 걸 그 때 알았습니다
방울방울 아롱져
오월의 하늘에 꿈처럼 흩날리는 것이
가슴에 맺히는 눈물이라는 것을...

이제 몇 해가 지나고
큰 딸은 자라 멀리 떠나갔지만
다시 오월이 오면
아부지 나랑 놀아 줘
약속 못 지킨 애비의 가슴에
방울방울 민들레가 눈물로 핍니다

〈2003〉

철쭉 필 무렵

매화 피었다는 소식 어제 들었는데
앞산 진달래 벌써 지고 말았네
벚나무 아래 꽃비가 내려도
봄 가는 줄 나는 몰라라

연산홍 꽃무더기 정원에서 홀로 붉고
신록의 숲에 아카시아 꽃향기 날릴 적에
지고 없는 봄꽃을 속절없이 그리나니
산벚꽃 아득히 피는 먼 산 우에
철쭉꽃 피는 소식

진달래 아스라이 스러진 혼이
소쩍새 울음에 발걸음 돌려
먼산꽃으로 다시 핀다는
연분홍 전설을 풍문으로 듣는다

〈2005〉

산벚꽃

봄볕에 겨운 구름자락이
산허리에 내려앉아
조을고 있다

꿈은 깊은가 보다
건들건들 바람 불어도
깨어나 하늘로 오르지 않는다

아스라한 몸 뒤척일 때마다
눈처럼 하얀 꿈 조각들만
땅으로 날려서 묻히고 있다

흰 구름 내려와
단꿈 꾸는
늦은 봄 호젓한 골짜기

먼 산 진달래 붉고
산꿩이 아득히 울었다

〈2007〉

자귀나무 꽃

해마다 6.25 무렵이면
선홍빛으로 피는 자귀나무 꽃을 아시는지요
비단실 같은 꽃잎이 수 없이 무리지어
마침내 하나의 꽃송이를 이루고
조명탄 터지듯 그렇게 피는 꽃

같은 꽃눈에서 나서도
빗살처럼 흩어져
마침내 하나의 꽃으로 타오르는
그 화염 같은 꽃을 보았는지요

어느 이름 모를 산골짜기
사랑하는 이를 부르며
붉은 꽃잎으로 산산이 흩어진 이름들이
푸른 6월이 오면 다시 피워 올리는
아린 영혼의 촛불 같은 꽃

빛바랜 흑백사진 속에
아직도 앳된 모습으로 남아 사무치는 사람
밤이 되면 그리움에 몸부림치며
파초처럼 갈라 진 이파리
꼭꼭 부여안고 잠드는
자귀나무 꽃을 아시는지요

〈2006〉

유월 밤꽃이야기

밤꽃이 핍니다
6월입니다
꽃이어도 꽃 같지 않고
꽃으로 여기지도 않는 꽃

보릿고개 시달린 아낙이
비릿한 밤꽃 내음에 취하면
사립문을 나간다고
밤꽃 필 무렵 밤나무 아래에는
구렁이가 또아리를 틀고
붉은 뱀딸기에 독을 품어 놓았다는
풍문이 돌았습니다

보리까끄래기 초여름 더위가
베적삼을 적시는 6월에
희뿌연 사내의 정액 같은
밤꽃은 피어

어느 두메산골
흰 앞치마 두른 여인이 사는 집 앞을
한 보름 숨어 지키노라면

입술이 붉고 가슴 탱탱한 유월이
사립문을 밀치고 나오는 것을
덩치 우람한 사내가 온 몸으로 받아 안아
푸른 산등성이로 치달아 오른다는 전설을
눈부시게 바라볼 수 있겠습니다

〈2013〉

꽃과 열매 인연의 빛

매화 흰 가지에
청매실 노오랗게 익고
노오란 산수유 피어 빨갛게 산수유 열리네

하얀 벚꽃 눈처럼 지면
까아만 버찌로 익고
살구꽃 희게 피어 노오란 살구 익네

뽀얀 찔레꽃 피고
붉은 찔레 열매
하얀 딸기꽃 피면 빨간 산딸기

능금꽃 하이얀 가지엔
빠알간 능금
배꽃 희디흰 가지에 노오란 배 열리고

탱자꽃 흰 가시울타리
샛노란 탱자
뽀얀 감꽃지면 선홍빛 홍시가 익네

하얀 앵두꽃 피어
새빨간 앵두
볼그레 도화桃花지면 복숭아 발그레 열리는

어여쁘다
인연의 빛이여!

〈2014〉

봄 여름 가을 겨울

봄 볕

추녀 끝 봄볕에
성암사 풍경風磬이 가만히 속삭였다
"간지러워"
풀잎 하나 돋아나고
"간지러워"
꽃잎 하나 피어나고

〈1985〉

봄이 오는 풍경

조그만 도회의 변두리
작은 언덕
이름 없는 무덤 지키는
허리 굽은 소나무
잠들 곳 없는 참새들
추운 밤 떨며 지새는
묵은 탱자나무 울타리
공원지역으로 묶여 나즈막이 엎드린
낡은 스레트 지붕 위
낮닭이 길게 울어

얼어붙은 호수에서
한 겨울 살다 날아 가 버린
철새의 깃털이
빤짝이며 일어선다

〈1993〉

봄날은 갔는지

얼어붙은 마음 녹이는
개구리도 울지 않고
먼 데 소식 알리는
제비도 오지 아니하고
눈멀고 귀먹은 채로
봄이 가는지
봄날은 갔는지

개나리 진달래 피었다 지고
복숭아꽃 살구꽃도 저 홀로 졌네
해마다 봄은 오고 가는데
아! 나의 봄은
이제 다시 오지 아니하네

〈1999〉

오월 뻐꾸기

서른일곱 오월에도
뻐꾸기가 운다는 것이
탱자나무 울타리에서
바지춤 추스르며 가슴 아팠다

뻐꾸기 울음은
오월의 산하가 초록빛이듯
언제나 저렇게 변함없을까
유년의 빛으로 울리는
그 아득한 소리
그 초록의 여운

어디에도 뿌리 내리지 못하는
목마른 발걸음을 멈추고
먼 세월의 빛으로 가슴 적시는
오월의 소리를 듣는다

다시 한 해의 봄날이
가고 있다

〈1991〉

유 월

빼꾸기 울음 잦아드는 골짜기
산딸기가 익었다
초록 덤불 줄줄이 맺힌
빠알간 유월의 정령精靈들
그 위로 햇살 쏟아져 눈부시다

우리 유월의 숲으로 가자
밤하늘 별처럼 반짝이며
수줍게 숨어있는
산딸기 따러 가자
첫사랑 같이 새콤하고 달콤한
산딸기 따러 가자

〈2000〉

초복 무렵

산자락 묵밭머리
자줏빛 도라지꽃 피었다

외딴집 무료한 노인이
호미로 일군 텃밭에는
조그만 참깨꽃 뽀오얀 주머니 속으로
꿀벌이 드나들었다

배롱나무 싸리나무 칡덩굴에
노을빛 고운 꽃 피어나면
보리누름에 먼저 온 보리매미 따라
쓰름매미 참매미 말매미가
그늘 그리운 계절의 합창을 시작했다

장마 끝 흥건한 숲속으로 들면
오래 내려 쌓인 낙엽이 익어가는
향기로운 내음이 가득했다

삼복 지나 가을이 오면
이 향기 그대로 머금은
능이 송이 싸리 같은 버섯들이
계절의 요정으로 돋아나는 것이다

초복 무렵 산길에는
꽃 피고 벌레 우는 더운 햇살과
낙엽마저 향기로 익는 그늘아래서
아린 가슴의 멍울도 삭는 것을 알리라

〈2013〉

늦여름 오후의 단상

입추 지난 무더위에
휴일날 오후가 적막하다
문득 참매미 한 마리가
아파트 방충망에 날아와
한바탕 울고 갔다

돋보기안경을 내리니
조그만 글씨는 자꾸만 달아난다
이제는 멀리 좀 보고 살라고
세월이 근시안 선물을 주고 갔다

한바탕 눈먼 매미가 울고 가듯
우리 젊은 날은 그렇게 가고
여름의 끝자락도 지나는 오후에
돋보기안경 다시 끼고
남은 책장을 넘기고 있다

〈2010〉

가을 뜨락에 서서

네 번 잠을 잔 누에가
마침내 투명한 몸이 되어
빛나는 명주실을 뽑아내듯
겨울 가고 봄, 여름 지나니
골마다 청량한 기운 서리고
단풍도 오색으로 타는 것이다

얼어붙은 겨울과 수런거리는 봄을 지나
뜨거운 여름을 보낸 하늘에
고추잠자리가 빠알갛게 몸을 살라 스러지듯
이 가을엔 우리의 마음도
붉게 붉게 타 오를 일이다
나무가 단풍진 잎을 떨구듯이
마른기침이라도 저 산으로 날려 보낼 일이다

호롱불빛 새어나는 창호지 같은
향 맑은 마음으로
가을을 앓을 일이다

〈1987〉

가을맞이

초등학교 1학년 딸아이가
눈 맑은 동무들과 조잘대며
단풍잎 구르는 교정을 지나
빨간 고추 마르는 마당으로 뛰어들 듯
가을은 투명한 눈매를 하고
우리의 빈 마음에다
낙엽들을 날려 보낸다

할머니가
동구 밖 돌아온 손녀의
책가방을 받아들 듯 그렇게
가을을 맞자

이 가을엔
잘 익은 열매 한 알을 맺기 위해
봄부터 부지런했던 그리고
마침내 벌레 먹어 떨어진 낙엽 한 잎에라도
어른 된 손주가 늘 안쓰러운
할머니 마음처럼
그렇게 따스한 가슴이 되자

〈1987〉

가 을

단풍이 반이나 져 버린
산모롱이를 돌아
기적소리는 멀어져 갔다
아득히 먼 옛날로부터
까마득한 미래로 이어가는
철길에 서서
내가 밟아 온 그리운 오솔길
어디멘가
마른 잎을 굴리고 있는
허전한 발자욱을 생각한다
가랑잎처럼 날려서
내가 가야 할
저 언덕 넘어
낙엽 태우는 연기 파아랗게
피워 올리는
누군가의
허전한 손길을 그리워한다

〈1993〉

가을 강가에서

여름이 자취 없이 쓸려 간
강가에서
투명한 강물 속으로
낚싯대를 던졌다
자갈처럼 널려 있던 여름날의
그 숱한 열정과 낭만은
한 조각도 낚이지 않았다
솜씨가 무디어진 것일까
약아빠진 물고기를 탓하며
색깔 좋은 미끼를 다시 끼웠다

짧은 가을 해는
이제 곧 서쪽으로 기울 것이다
몇 번 자리를 옮겨도 보다가
빈 망태를 추스려 돌아 나오는
인적 없는 강둑길

철 늦은 매미소리는
희미하게 멀어지고 있다

〈1995〉

가을 단풍잎

벚나무 단풍잎이
꽃보다 더 고와라
화려한 봄 꽃 지고
여린 순 돋아
어린 열매 보듬어 결실 거두고
남모를 속 다 익혀
선홍으로 물드는
꽃보다 더 고운
가을 단풍잎

〈2000〉

가을 가는 길

산길에 가을이 가고 있습니다.
산모롱이 돌아
바람이 먼저 지나가고
다람쥐처럼 나뭇잎이 굴러갔습니다

여름날의 습관처럼 차를 세우고
굴러가는 것이 다람쥐도 아니고
개구리도 아니라는 것을 알고는 혼자 웃습니다

호젓한 산길
굴러가는 가랑잎 따라
가을이 데굴데굴 웃으며 지나가는 것을
오랫동안 지켜보고 있었습니다

〈2004〉

겨울 참새

참새는 이 겨울에
어디에다 집을 짓고 살까
처마 끝에 고드름이 녹아내리는
초가집 따스한 보금자리를
이제는 다시 찾을 수가 없다

함박눈이 하얗게 내린 밤
샘물 길어오는 새아기
뽀드득 뽀드득 보선발 소리에 잠이 깨이던 아침은
짹짹 재재재재
빛살같이 울었었다

갈대밭 잃어버린 을숙도 철새처럼
시멘트 덩이 사이에서 참새는
보금자리 틀 곳이 없다
밤새 질주하는 쇳덩이 소리에
참새가슴으로 지새운 아침은
블록담 양지쪽에 앉아도
울음소리가 가냘프다

〈1986〉

겨울 새벽에

바람소리가 기차처럼 앞산을 달리는 겨울밤이면 아궁이 가득 군불 지펴 절절 끓던 아랫목도 일찍 식었다. 할아버지는 화롯가에서 사위어 가는 불씨로 쌈지담배 불붙이시고 우리는 문풍지 소리에 몸을 옴추리며 솜이불 속으로 파고들었다. 그런 겨울 새벽이면 마당을 쓸며 지나가는 바람소리와 부엉이, 승냥이 우는 소리, 쇠죽을 끓이는 장작개비 타는 소리들이 꿈결처럼 들리었다. 마침내 덜커덩 하고 솥뚜껑이 열리고 아버지가 쇠죽을 뒤집는 소리가 들리면 다시 뜨뜻해 진 아랫목 온기에 두벌잠이 밤 고양이처럼 다가오곤 했다. 아 그 때 정지문이 삐걱거리며 열리는 소리와 함께 샘물 길어 오시는 어머니의 발자국 소리가 들리곤 했다. 밤새 눈이 내린 날은 어머니의 발자국 소리가 얼마나 커다랗게 선잠 든 내 귓가에 들리는지 아직도 눈 감으면 뽀드득 뽀드득 하고 환청처럼 들리는 것이다.

이제 고향에는 아랫목이 없고 화롯불 다독이는 윗목도 없다. 문풍지 소리 무서워 오줌 참으며 올빼미 새끼처럼 이불 속으로 파고들던 손주 녀석도 떠난 지 오래다. 당신의 아버님과 아들이 잠든 방 구들장 밑으로 뜨거운 군불 지피시던 아버지만 홀로 남아 칠순을 넘기셨다.

집집마다 기름보일러가 돌아가고 끓인 쇠죽 먹는 누렁이도 없어진 지 오래지만 아버지는 아직도 새벽이면 일어나 군불을 지피신다. 아무도 잠들어 있지 않은 방 구들장 밑으로 불꽃을 들이면서 아버지는 아무도 들어 주지 않는 마른기침을 하실 것이다.

바람이 도시의 아파트 창문을 흔들고 지나가는 겨울새벽이면 나는 꿈결인양 샘물 긷는 어머니의 발자국 소리를 들으며 아득한 고향마을 아버지 홀로 잠드신 아랫목으로 목젖이 아리도록 그렇게 군불을 지피곤 하는 것이다.

〈1997〉

자갈마당에 내리는 눈

불황기의 겨울
자갈마당에 눈이 내리고
오지 않는 사람을 기다리는 여인의 어깨에도
눈이 내린다 눈은 내리고 쌓여
목이 길고 흰 여인의 눈썹과 발밑에서
녹아내린다

까마득한 하늘
스쳐가는 구름으로부터
우리 한 송이 눈 되어
더러는 고층빌딩이나
더러는 낡은 스레트 지붕 위에 내리더라도
하얗게 세상을 덮는 한 때가
꿈 같이 가고 나면
모두 이 도회의 복개천
검은 물로 흘러가야지

나는 오늘 한 송이 눈으로 날려서
내 차운 몸이라도 기꺼이 감싸 줄
어느 이쁜 여인의 치마폭에 스러지나니

찾는 사람 없이 오늘도 서 있는
여인의 반가운 손님이 되어
눈물처럼 그렇게 녹아내리자

친구가 도산하고
이웃이 자살하는 혹한기의
시퍼렇게 얼어붙은 우리 가슴이
눈처럼 그렇게 녹아내린다면

우리 비록 킬리만자로의 흰 눈으로
만년을 영화롭지 못할지라도
인적 끊어진 홍등가 수척한 여인의
기꺼운 손님이 되리라

우리는 누구나
오지 않는 그 무엇을 기다리며
눈 내리는 거리를 서성이는 여인일거나
홍등가 불빛을 스치고 내리는
한 송이 눈 일거나

〈1997〉

고향은 멀어지고

가을 밤

가을이 호심에 잠기면
벌레도 송사리마냥 붓는가
토벽담 금이 가도록
밤을 새는 귀뚜리 울음

은하는 입에 닿고
호롱불 달빛에 흐릴 때
어머님 콩 까부는 키 소리
또 한 잎 낙엽을 보챈다

문득 적막한 사위
키질 멈추고 허릴 펴면
어머님 고달프신 귓전에 울려오는 교향곡

창호지도 뽀오얀 토방
잠이 들었을 맏딸 시집보낼 생각
월남 간 둘째 놈이
덩실 달덩이보다 붉게 떠오르는

한 밤에 서면 어머닌
한국의 어머닌
슬픔대신
모나리자의 미소를 띄우고 만다

〈1971〉

남행열차 안에서

남도로 향하는 열차 안에서
보던 책 접어두고 창밖을 보니
가랑비에 신록은 짙어만 가고
연둣빛 강가엔 나룻배 기두리는 사람들

차창엔 이슥고 후드득거리는 빗소리
마음은 머나먼 고향으로 달려가서
앞산에서 울던 꿩소리 들리는 듯하여라

초록 보리밭 길고 짧고 높고 낮은 둑마다
망태기 둘러메고 꼴을 베던 어린 시절
가시내 횃불 들리고 밤 가재 잡이 가고 싶다

〈1976〉

밭갈이

맹물만 끓인 죽에 함지처럼 야윈 소는
손뼉 같은 밭 동가리 돌다보면 끝나는 걸
쟁깃날 한 치 깊이에서 발굽이가 꺾인다

밭이랑 박힌 바위 숙명처럼 갈아 먹는
아버님 쟁기질엔 땅거죽만 갈리어도
굽은 등 야윈 손목에 부대끼는 고뇌여

〈1984〉

달 래

겨우내 언 땅의 달래는
봄을 그려 머리가
하얗게 샜다
기나 긴 보릿고개 하늘은 높아
청자 빛 긴 목이 빠지도록
안타까운 삼월이여!
한 뿌리를 생채로 무쳐 먹으면
매콤하고 서러운
고향 맛이다

〈1985〉

고향은 멀어지고

고향 가는 완행열차를 기다리면서
멀리서 다가오는 기적소리와
철길통행을 금하는 종소리를 듣고 있노라면
차표를 쥔 사람과
제복의 역무원만 통행이 허용된 울타리 안으로
무겁게 가라앉은 나무그늘과
그 밑에 피어 있는 꽃들을 보며
아득아득 살아가는 생활에서도 고향에서도
멀리 떨어진 이 기차역처럼
인간이란 처절하도록 고독한 존재라는 것을 느끼곤 한다

일 년에 몇 번 가는 고향은
땀과 권태에 절은 생활에서의 유일한 도피였다
산이 있고 물이 있고 그 알량한 발전 없이 낙후되어
지금도 뻐꾸기 울고 더욱이 봄이면
소쩍새가 전설을 우는 산마을
고향이 있음을 얼마나 흐뭇하게 생각했는지…
그러나 요즈음은
고향이라는 것이 산과 들과 구름과 언덕과 나무와 풀들
그것만으로 되어 있는 것이 아니라는 것을 아프게 느끼면서
멀어지는 동구 밖을 허전한 가슴으로 돌아오곤 하였다

어쩌다 찾아 가는 고향마을에
꽃상여가 나가고
하나 둘 정든 얼굴들이 그 꽃상여에 실려 먼 길을 떠나갔다
“너어하 너어하 너하넘차 너하오”
“너어하 너어하 너하넘차 너하오”
애닯은 상두군 소리의 여운처럼 고향은
하나 둘 무너지고 있었다
오늘 가신 어른은 열일곱 살에
충청도에서 시집온 어른이셨다
한창 이야기 주머니 좋아하던 내 유년의 여름밤
이웃이 모여 앉으면
모깃불 연기 사이로 해맑은 달이 뜨고
반딧불은 유령처럼 파랗게 몰려 왔다
“내가 가마 타고 시집오던 날이랑께
왠일인지 부슬부슬 비가 나리고
토구는 자욱하게 끼어 있었제
동구 밖 들어오는 산 어림에
곡하는 소리 행상 나가는 소리가 나든기라
알고 보니 그기 바로 토깨비 소리든기라”
핏줄이 없어 구박도 많이 받고 그래도

쫓겨나지 않은 것이 고맙다던 인정도 눈물도 많던 그 어른은
그런 날 저녁엔 으레 땀 절은 삼베 적삼으로
눈물을 훔치셨다

앞뒤로 좌우로 산으로 막혀
반달 같은 땅뙈기 일구어서
청솔개비 연기로 죽 끓여 먹고 살아도
이웃 일에 더 많은 눈물을 흘리셨던 분들
새벽 논갈이 하다 씨름 걸어오는 도깨비 만나
왼다리 걸어 이겼다던 어른들이 살아 있을 땐
난 참말로 몰랐었다
그것이 고향을 고향으로 느끼게 하는 것임을…

마을 어른 한 분이 떠나간 날에
멀어지는 동구 밖을 돌아서 오면
사나흘은 잠을 설쳐야 했다
고향마을이 있어도 고향은 멀어지고
인간이 인간을 밀어대는 현실에서도 멀어지는
나는 어디에 서 있는 것일까 ?

어쩌다 찾아가는 고향마을에
정든 얼굴 하나 씩 사라져 간다
정든 얼굴 하나 씩 사라져 간다

〈1985〉

아버님 전 상서

상모 잘 돌리고
꽹과리 장구 잘 치시던 아버지는
젊은 세월을
술과 체념으로 사시더니
오십 고개 겨우 넘은 한참 나이에
칡뿌리처럼 깊은 병환을 베게 삼아 누우셨다

왜정 말기에 태어나서
그 아픈 보릿고개 숱하게 넘으면서
또렷한 눈망울 한번 크게 떠 보지도 못하시고
그 눈망울에 숨은 재주와 총명
한 번 닦아 보지도 못하시고
굶주린 창자의 아른아른 배고픈 소년이 되어
앞산 비둘기가 울어도 가슴 설레던 열아홉 살에
6.25를 만나셨다
아버지의 아버지 나에게는 할아버지
피난길에 황소꼬리 잡고 건넜던 낙동강 전투에서
배우지 못하여도 조국위해 용감히 싸우셨지만
닦지 않은 재주와 총명은 애석히도
빛나지 아니하였더라

전후 가난한 농촌의
가장이 되어 살면서
그 숱한 밭 한때기 변변히 없어
뒷모습 힘없는 어깨가 늘 안쓰럽던 아버지
닦지 않은 재주가
때로는 원이 되고
빛내지 못한 총명이
때로는 한이 되어
젊음이 괴로우신 날은 그래서
술을 많이 드셨지요
당장 이을 끼니가 떨어져도
술 안 드시고는 못 사셨지요
막걸리 술기운에 젖은
꽹과리 가락에 그 원을 풀고
상모를 돌리시며 그 한을 삭이셨지요
젊어서는 아내 고생시키고
늙어서는 자식 고생시킨다는
우리 가난한 농촌의 아버지

이제는 병환으로
황악산 봄이면 새 순 돋는
더덕이란 도라지도 캐지 못하시고
가을이면 눈에 선한
범골 솔밭 양지의 송이버섯을 따지 못하셔도
고향마을에 돌아와
아버지 옆에 앉으면
조국을 지키고 고향을 지키고
이제는 병환만 남은 아버지의 그 연륜이
못내 아쉽기만 합니다
아버지
불효는 압니다
세상살이 고달파도
아버지가 살아오신 그 세월에
비할 수가 없다는 것을...

우리 가난한 산골의 아버지
당신이 자식들에게 남기실 유산 없어 안타까움도
젊은 시절 가난과 아픔도
이제는 거두어 주십시요

많이 배우지 못해도
저희는 조국을 사랑하고 가난한 고향을 사랑하고
형제간 우애 있고 착하게 사는 것이
모두가 아버지의 귀한 유산이 아닙니까
이제는 아버지
할아버지 잠드신 고향마을에
오래오래 사시어
아직도 철없는 저희들을 어루만져 주세요

〈1986〉

고향 이야기

가을과 겨울 사이의 고향 동구 밖엔
잔칫집 가는 노인들이
헐렁한 바지를 입고 읍내로 향했다

거기선 물고기처럼 도회로 흩어져 가는
자식들의 땟물 벗은 모습을 보는 것이다
대견한 내 새끼들이…
돌아서면 눈물 한 줄기
허전한 가슴을 막걸리 한 잔으로 달랬다

비어 간 들판에서 올해도
아버지는 볏짚을 천천히 거두시곤
감나무 꼭대기에 까치밥 한 알을 남기셨다

겨울나무에 기원처럼 걸어 둔
아버지의 하늘 한 조각은
어디를 향해 열려 있는 것일까

허허로운 도회에 겨울이 오면
고향마을 빠알간 까치밥 한 알로
우리 시린 가슴을 데우며 산다

〈1986〉

칠 월

고향마을 옛집 처마 끝에는
제비가 두벌새끼를 치고 있었다

장맛비에 여울진 계곡을 훑어
피라미새끼 매운탕으로
친구들과 막걸리 잔을 기울이면

전설처럼 뜬 달은 목에 잠기고

아직도 나는 고향 품안의
젖먹이 밖에는 되지 못한다

〈1989〉

눈 내리는 날

흐린 하늘가에
아득히 눈발이 내리면
가물가물 멀어 진 고향으로
촉촉이 젖어 흩날리는 마음

사십 다 된 나이에
장가 못간 고향마을
혼자 사는 친구
간 밤 추위에
아랫목 따뜻이
군불은 지피고 잤는지

내리는 눈송이처럼
우리 어느 먼 하늘에서 떠돌다
여기에 왔는가
그 현묘한 몸짓으로
꿈꾸며 내려오던 시절과
하얗게 세상을 바꾸며
땅을 덮던 때가 가고
이렇게 가슴까지 녹아내리는
오후가 되면

내 처음 이 땅에 내려 온
그 언덕을 지키며
장가 못 들고 혼자 사는
친구가 그립다

〈1992〉

고향친구

시오리 학교길을
코 흘리며 어울려 다니던
고만고만한 또래의 동무들이 고향에 남아
이제는 마을 이장도 하고
농어민 후계자도 하며
어른들만 가는 곳이라 여겼던 마을회관 사랑방을
내 집처럼 들어가 앉아
"오랜만일세 한 잔 하게"
따라주는 막걸리 술잔을 받으면
목젖으로 술 한 모금 넘기지 않아도
눈시울에 먼저 주기가 오른다
"그래 친구야 고생이 많았지?"
입에 발린 소리를 술과 함께 삼키고
"자네도 한 잔 받게"
빈 술잔 내미는 굵은 손마디 감싸 쥐면
가슴으로 전해오는
친구의 흙냄새 그 저린 아픔
더러는 사십 다 되도록 장가 못 들고
더러는 자식같이 기른 가축, 채소 그냥 버리고
울화통에 마신 술로 속병만 들은

친구 손잡고 그 술잔에
값싼 연민의 정을 따르면
"친구야 자네도 객지에서 고생이 많지?"
그 소리 그만 목이 메이는
고향의 밤하늘
뿌우연 은하수가 밤새 흘렀다

〈1992〉

여름 들판에서

이제는 논두렁에 둘러 앉아
품앗이 새참 먹는 농부는 없고
비어가는 들판을 지키는 것은
모가지만 더 길어진
백로와 왜가리들이다

꽁보리밥 막된장 상추쌈에
막걸리 한 사발로 구성지게 넘어가던
김매기 노랫가락처럼
땀 절은 삼베옷은 전설의 고개로 넘어갔다

속살 녹아버린 우렁이 껍질만
허기진 부리로 쪼으며
이 땅의 오랜 여름 철새들이
제초제로 바닥이 마알간 나락논을
서성거리고 있다

〈1993〉

백로白鷺

영남嶺南과 호남湖南 가뭇한 들에

하이얀 하늘 조각들이

파아란 지평선을 오르내린다

〈1995〉

섣달 보름에

한 해가 저무는 섣달에도
보름달이 떴구나
저 달이 사위면
다시 한 해도 저물고
빈손으로 돌아가야 할 고향길이
달빛에 젖었구나
내 이 달빛아래 쓸쓸히
옛 꿈을 꾸나니

나귀등에 가득한 보따리 얹고
동구 밖 주모酒母 소리쳐 불러
한 사발 막걸리 호기롭게 넘기고
콧노래 부르며 방울소리 울리며
뿌우연 달빛 야반길 흔들거리며
그렇게 고향으로 돌아가는 것이다

섣달에도 보름에 달이 뜨면은
아득한 고향길 밟으며 가는
귀향의 꿈으로 달빛 젖는다

〈2001〉

벌초를 하며

잡초와 대나무가 숲을 이룬
할배 할매 산소에 벌초를 하며
한때는 봉분이 반들반들하도록
이곳을 찾아 놀던 마을아이들을 생각한다

땅에 묻힌 조상과
어린 피붙이들이 서로 몸 부비며 뒹굴던
뒷동산에도
싸늘한 문명의 바람은 불어
초록으로 금빛으로 빛나던 잔디밭과
어깨동무 악동들을 거두어 갔다

이제는 할배 산소 봉분 꼭대기까지
대나무와 가시나무가 뿌리를 내리고
웃자란 잡초들이 도깨비 집을 지었다

할배가 그렇게도 아끼시던
손주 놈은 고향을 떠나 살다가
일 년에 한 번 풀 깎는 기계를 울러 메고 와서는
서툰 이발사 머리 깎듯 벌초를 한다

조선낫과 왜낫을 퍼렇게 갈아
지성으로 벌초하시던 할배는 땅속에 누워
웃자란 머리 어설프게 깎아주는 손주 놈을 향해
그래도 "어 시원하다" 시며
예취기로 파인 봉분의
붉은 흙빛으로 웃으셨다

해마다 벌초는 다녀도
잡초처럼 사신 할배 무덤엔
또 다시 잡초가 자라고
대쪽같이 사신 할매 무덤으로
대나무가 땅속 깊이 뿌리를 내려

그렇게 아련한 세월이 가면
할배 할매 무덤자리는 숲이 되고
손주의 이름도 땅에 묻혀
오랜 전설처럼 바람이 불 때마다
서걱이는 잎새로나 남을 것인가

〈2003〉

2004년 가을

대학을 마친 아들과 아버지가
들판에서 가을걷이를 한다
잘 익은 곡식을 거두면서도
아버지는 신이 나지 않았다
밭둑에 앉아
담배연기 사라지는 하늘만 쳐다보았다
세상사람 모두 눈멀었지 아버지는 아직도
갈데없는 아들이 믿기지 않았다
니 우얄끼고? 니 우짤라카노?
하릴없이 아버지를 따라 나서는 아들의 가슴에
어머니는 또 못을 박고 말았다
늙은 애비 농사일 돕는 것도 학생일 때 말이지
명문대학 다닌다고 자랑 늘어놓은 이웃 부끄러워
어머니는 마실도 나가지 않았다
두드리고 두드려도 열리지 않는 세상의 문 앞에서
비어가는 가을들판으로 밀려난 아들의
시퍼렇게 멍든 가슴으로
니 우얄끼고? 니 우짤라카노?
어머니 목소리가 천둥처럼 울리고 있다

〈2004〉

장마에 꾸는 꿈

장마철 눅눅하게 비가 내리면
옛집으로 돌아가
어둑한 헛간에 젖은 몸 누이고
낮은 추녀 끝으로 떨어지는
낙숫물 소리 듣고 싶다

문짝도 없는 좁은 문으로
게으른 바람이 기웃거리고
논두렁 물꼬는 이미 낮추었으니
나는 할 일 없는 머슴
지게며 쟁기, 써레, 곰배, 도리깨들
먼지 보얗게 쓰고 구석에 누웠거니
나도 이제 쓸모없는 농기구
보리짚단 돋우어 깔고
낮잠이나 잘 일이다

부엌에선 여인이 호박전을 부치고
내 혼곤한 몸뚱이에도
구석 먼지 내려 쌓일 것이니

장마철 눅눅히 비가 내리면
먼 옛집으로 돌아가
천하에 할 일 없는 머슴이 되고 싶다

〈2005〉

고향 길

이제 다시 갈 수 있을까
시오리 산길
책 보따리 싸서 둘러메고
빈 도시락 달그락거리며
여시골 지나 도래솔 돌아
삐삐랑 찔레순 뱀딸기 먹고
칡뿌리 씹어 새까만 입으로
원시原始처럼 하얗게 조잘대며
대낮에도 무서운 상여집 앞을
바람처럼 달려서 갈 수 있을까

이제 다시 갈 수 있을까
두벌 논 매기 끝난 나락 논에
뜸부기 두벌새끼를 치고
"우리 오빠 말 타고 서울 가시면
비단구두 사 가지고 오신다더니…"
뜸북뜸북 그 노래 같이 부르며
버드나무 그늘에 숨은 피라미 잡으러
논둑길 달려서 갈 수 있을까

이제 다시 갈 수 있을까
산모롱이 돌아들면
붉은 노을 비껴 간 비탈 밭에
도라지 꽃 감자 꽃이 소복素服을 하고
유령처럼 반딧불이 날아
큰 산에 짐승이 우는 길
몇 해 동안 정든 눈 큰 암소 팔아
송아지 사서
음메음메 울어대는 모가지에 방울을 달고
뿌우연 달빛 야반 길 흔들거리며
그렇게 다시 돌아갈 수 있을까

이제 다시 떠나올 수 있을까
낯 설은 도회지로
작은 가슴 파닥거리며
우리 피라미 새끼처럼 흩어져 올 때
아직도 순이는 시집을 가지 않았고
출세하고 돈 벌어 돌아오마는
그 약속 다시 한 번 할 수 있을까

이제 다시 갈 수 있을까
이제 다시 떠나 올 수 있을까
이제는 꿈에서나 돌아가고 떠나오는 길

동구 밖을 돌아도 돌아도
언제나 조그맣게
서 있는

어머니

〈2006〉

초병의 향수

초병哨兵의 향수

약관 다정한 몸으로
푸른 옷 입었네

순간순간이 정지된
바쁜 나날에도 세월이 가는가
비 갠 여름밤 하현달이
눈에 시리다

철조망 사이 무성한 풀이슬과
잘 닦인 총검에 달빛 부시고
밀려오는 향수에 초병은
고개를 흔든다

철모에 빛나던 달빛이
이리저리 흔들리고
나무그늘에는 고향처럼
반딧불이 날으고 있었다

〈1976〉

삼팔선의 봄

갑옷 입고 투구 쓰고
소나무 등걸에 기대서서
봄이 오는 북녘 땅 남북으로 흐르는
연둣빛 강물을 바라보면
예 전쟁터 위에 고향 떠난 병사의
감회 이리 깊어 오는가

가슴에 끓는 피 앓아
찾을 수도 찾는 이도 없는
멍든 조국의 한 서린 허리에서
바람 한 줄기 풀잎 하나에도
모두가 사랑이요 그리움이요 하소연이며 눈물이구나

하얀 저고리 남색 치마
까만 눈동자를 가진 여인을 부르면서
조국의 땅에 한 줌 흙이 된 병사의 넋이여

그대들이 잠들은 일백오십오 마일 전선의
접동새 우는 골마다
이렇게 가슴 아린
진달래가 탄다

〈1978〉

이 가뭄에 어머니

깊은 골 모롱이 도는
B-20번 군사도로
이슬 먹은 이 아침에도
악몽처럼 일어나는 흙먼지여 !
땅도 마르고 하늘도 마르고
가슴조차 메말라 가는 이 가뭄의 나날 속에서
향촌鄕村에 두는 마음이 쓰라림은
태평양의 물거품 같아라
부딪쳐 일어나선 허무하게 스러지고
그래도 파도는 끝없이 밀려 와
깊은 나락으로 파고드는 검푸른 가슴앓이…

어머니!
고운 얼굴의 늘어나신 주름살에 또 다시
몇 겁의 아픔을 더하십니까?
골골이 논과 밭 갈라지는 엉그럼이 그대로
당신의 가슴에 주름인 것을…

오늘도 하늘엔 흰 구름 몇 점
골짜기 돌아가는 군사도로에 누우런 흙먼지가 일어납니다

어머니 당신의 맏아들이
갈라진 전선의 흙바닥 보며
당신께서 겪으시는 크나큰 근심을 읽습니다

훈련으로 다져진 굳센 심신에다
오늘도 고향땅에 단비를 비는 탑을 쌓고
흙먼지 속을 달립니다
어머니 당신의 아들이 이렇게 달립니다

〈1978〉

도마치서 용수목까지

그 길은
옛 전쟁터를 이어가는 군사도로

얼마 전까지만 해도
하얀 옷 입은 화전민이 세월에 묻혀 살았네

봄이면
화전을 일구는 파란 연기
여름엔 살진 감자며 빨간 산딸기
가을엔 옥수수 밭과 불타는 단풍
골골이 익어 떨어지는 머루며 다래
겨울엔
눈 덮인 갈대지붕 밑
등잔불 밝히는 마음들이여!

지금은 쓸쓸한 추억처럼
주춧돌과 그을린 구들장만
병사들의 마음을 아프게 한다

용수목 사람들은 말한다
전에 그 시절엔 이 길 옆에
갈래머리 길게 따은 소녀가 살았었다고
그 소녀는 늘
하얀 저고리 깜장치마를 입었었다지...

내가 이 길을 말로만 듣다가
처음 왔을 땐
돌고 도는 모롱이랑 거칠어 진 길들이
군화 신은 발목만 아프게 했다

용수목은 그저
산이 있고 물이 흐르듯
그렇게 몇 채의 집이 있었고
사람들은 하늘을 보며 살았다
하루 한 번 텅빈 버스가 왔다가
빈차로 되돌아가는 곳엔 그래도
쪼그만 주막이 있었다

사람들은 조밥에 도토리묵을 먹고
온종일 산속을 바랑을 지고 다녔다
어쩌다 만나는 그들은
꼭 노루 같은 눈을 가졌고
지나쳐 가도 약초 내음이 풍겼다

우리는 용수목 마을을 가보고 싶어 했다
거기는 옛날 옛적 고향 같은 마을과
사람들이 있었고 또
옥수수 향기론 술이 있었다
강원도 전선에 포성이 멎고
세월은 흘렀어도
도마치서 용수목 가는 길가엔
봄이면 옛집 울타리에 피었던
개나리가 노랗게 피고
화전을 일구던 연기 대신
개울을 흐르는 여울물만 파랬다
감자며 옥수수가 익던 화전엔
무성한 잡초들만 세월을 얘기하고

이따금
철모 쓰고 총을 멘 병사들만
귀 기울여 그 길을
오르내린다

〈1978〉

야영장에 내리는 비

화전 해 묵은 터에
산안개는 잠기고
산마을 겨울밤 녹이던
그을린 구들장 씻으며 빗줄기가 지나간다

날이 궂은 데도 매아미는 왜
숨어서 우노
야영병사의
화랑담배 자욱한 텐트 속엔
두런거리는 이야기 소리

북녘 하늘아랜 중복 지나 더위가고
조석으로 이는 바람이
가을을 재촉한다
아! 고향엔 어머님 품에
청포도가 여물겠네

〈1978〉

고무신

허물어진 돌담 사이
색 바랜 여자아이
고무신 한 짝

여기는 깊은 산 속
옛날 화전민 살던 곳
지금은 아무도 올 수 없는 비무장지대

재어보니 엄지인지로 한 뼘이여
이제 사랑을 알을 듯한
기집애가 신었었겠다
완두콩 푸릇푸릇한 주먹밥 차고
칠십 리 장을 갔던 아부지가 사다 준
고무신을 들고 그 소녀는
얼마나 좋아라 하였을까
젖망울 선 가슴에
며칠 밤을 품고서 지새웠을까
갈래머리 빨강댕기 나풀대면서
골짜기는 얼마나 뛰어다녔을까

허물어진 돌담 사이
고무신 한 짝
왜 한 짝만 남아 있을까

여기는 깊은 산 속
옛날 화전민 살던 곳
지금은 아무도 올 수 없는
비무장지대
골짜기엔 무심한 계곡물 흐르고
총을 멘 병사가 비를 맞으며
고무신을 가슴에 품고서 간다

〈1978〉

아! 무정無情

차운 물소리만 들리는
가을빛 짙은 계곡에
다람쥐가 꿀밤나무 가지를 오르다
한 잎 낙엽을 떨어뜨린다

남이나 북이나
이렇게 산들은 단풍으로 타 오르고
파란 하늘은 한 점 구름이 없다
따사로운 햇살이 불타는
단풍나무 아래 몸을 숨기고
나는 어이 총을 잡은 몸인가

전우의 가슴에 총알을 박은
무장공비의 뒤를 밤새워 밟고
또다시 이 고지 위에서
그놈의 부석거림을 찾기 위해 귀를 세우고 있다

엊저녁 차운 가을비 올 때
이름 모를 능선의 참호 속에서
휴전선 넘어 멀리 북녘을 바라보았다

한차례 비가 지나간 뒤 몸을 떨면서
바라보는 산들의 수 없는 능선능선... 그 파노라마
거기에 어디 색이 다르며
남과 북이 갈리었던가

몇 발자욱 내려가면
백오십오마일 철책 피의 허리띠
왜 갈 길을 막는가

굳어버린 보초의 싸늘한 총검
그도 또 나도
사랑스런 조국의 아들이거늘!
저기 산봉우리에 휘날리는
GOP의 태극기 펄럭이는 몸짓
그 안타까움은...

단군의 자손 따스한 동포애도
약관 뜨거운 가슴도
저 안타까운 깃발의 몸부림 앞에
서릿발을 세운다

또 다시 나는
두 눈에 핏발 세우며
그 놈의 가슴에 총탄을 박는 흥분으로
몸을 떤다

만산홍엽이 일시에
피바다가 된다

〈1978〉

전선의 꿈

시월도 중순
강원도 전선의 산골 햇볕은
반짝하고 빛나다가 사그라진다
지난 밤
덮어 쓴 모포 위에 내리던 하얀 서리가
서걱대는 갈대 잎에 아직도 묻어 있구나

오한에 몸을 옴츠리면
가슴에 품은 수류탄의 싸늘한 감촉
바람에 우수수 지는 낙엽은
가슴에 쌓아 올린 인연들이
내 곁에서 떨어져 가는 모습이다

그리운 여인이여
내가 등을 기댄 돌은
옛날 이 골짜기에서 용감하게 싸우다 죽어 간
이름 모를 병사의 비
나는 이 돌에 기대어
그의 안타까운 사랑을 듣는다

오늘밤은 이 돌 옆에 풀잎이나 깔고 누워
잠깐씩 끄덕이는 꿈속에라도
애달픈 그의 넋을 만나야겠다

〈1978〉

전선의 가을비

간밤엔
사그락 사그락 낙엽 진
오솔길에서
다람쥐가 꼬리로
구월 열사흘 달빛을 톡 톡 퉁기고
이따금 철책선 부근에서
소총소리가 들리더니
밤에 우는 새와 산짐승소리가 자취를 감춘
이 아침엔
이 시간 하얗게 끼던 안개도 끼지 않고
하늘 나즈막이 구름만 끼어
때 아니게 궂은비가 내리려나 보다

가을비에 젖어
어둑살 끼는 산 녘에서 발길 멈추고
추위와 긴장과 고독에 몸을 떨면서
오늘은 또 어느 골짜기 풀섶에서
하룻밤 찬 서리를 맞아야 하나

새벽 단잠 덜 깨인 얼굴 위로
악몽처럼 차운
빗방울이 떨어지다

〈1978〉

동포여!

저기 북녘의 산과 들이 보인다
그리고 짙어오는 어둠 속에서
몇 개의 빨간 불빛도 보이고
그들도 가슴엔 따뜻한 피를 지녔기에
어둠과 추위 속에서 불을 밝히나 보다

몇 해 동안이던가
저 북녘의 하늘 아래 따스한
산골의 인정들이 끊어진 것이...

지금도 저들은 저기 있고 우리는 여기 있고
그사이 한 줄기 철책만이 있을 뿐인데...

짙어오는 어둑살을 타고
오늘도 들려오는 동포의 목소리
그것은 확성기를 통하여
바람 따라 끊이었다 이어지는 광란의 엑소시스트

아! 그만 그만!
나는 저 소리만 들으면 숨이 막혀
왜 나의 총검에 살기를 띠우게 하나

예나 지금이나
아름다운 이 강산 고루 비추던
구월보름 달빛이 밝은데
또 다시 바람 따라 들려오는
"김일성 장군..."

〈1978〉

새해 아침에

삭막한 이 전선의
얼어붙은 땅에서도
어느 풀은 파랗게 자라고 있어라

그저 그냥 색깔이기만 한
짧은 겨울 햇볕도
이 생명에게만은 한마당
따뜻한 봄볕이 되리라

참새가 눈 쌓인 가지에서 포르릉
날아가듯이
새해 아침에
묵은 껍질 벗어던지고
동녘으로 날아가자
희망에 반짝이는 날개를 펄럭이며

그 나래 위에도 이 차운 겨울 햇볕이 한마당
따뜻한 봄볕이 되리라

대망의 79 새해여!
희망찬 전역의 빛이여!

〈1979〉

발길 머문 곳에 그리움이

남도南島의 밤

먼 남도에
밤은 깊은데
포구엔 무슨 일로
뱃고동 소리

배 타러 온 총각이 잠 못 이루는
불 켜진 여인숙 이층방 아래로
조그만 기집애 둘이
속삭이며 지나간다

가로등도 꺼져가는
먼 남도에
밤은 깊은데...

〈1975〉

을숙도에서

철새와 맑은 강물의 을숙도를
아내와 한 쌍의 철새가 되어 날아갔었다
가을바람에 갈대숲이 흔들리고
아른 철새 몇 쌍이 외로이 떠 있었다

명년이면 오랜 철새의 보금자리
이 넓은 갈대밭이 사라진다는 슬픔이
흐르는 강물과
날아드는 철새의 날갯짓에 스며있었다

갈대밭에 누워보면
인생 또한 철새인데
우리들 철새는 하나씩
설 땅을 잃어간다

오늘 우리 원앙 한 쌍이
다시 못 올 을숙도를 떠나면
이 겨울을 지난 철새들도 모두 다 떠나리라

을숙도에 와서
우리들 철새가 살아가는 것에 대하여 생각했다
바람이 불고 설 땅을 잃어도
서로가 서로의 갈대숲이 되어
사랑의 부리를 부비며 부비며
그렇게 한 세상 사는 거라고

〈1983〉

주왕산에 와서

청송 주왕산을
뒤늦게 와서
새벽녘 혼곤한 잠을 깨우다
사방은 정적 속에
목탁소리가 마음에만 울리어
가을 산 맑은 뜻을 조금은
알 것도 같다

돌계단 하나 올라 계곡을 살펴보니
영산靈山은 뜻이 깊어 안개에 묻혀 있고
이승과 저승의 거리만큼에서
스님은 비를 들고 안개를 쓸어내다

청송 주왕산을 은거지로 정한
주왕의 마음을 헤아리면서
주왕암 가는 길은 깨달음의 길
비명에 간 왕의 딸이 성불을 하다

천년 세월로 빚은 바위와 하늘과 계곡과
여기에 흐르는 바람 한 줄기 그대로
신의 모습 신의 목소리

주왕은 죽어도 설워 마세요
낮이면 선남선녀 분주히 찾고
밤이면 목탁소리 천년을 울리리라

〈1983〉

버스 안에서

잡혀가는 붕어의 맑은 눈으로
파란 호수 잔물결이 흘러내린다
버들피리 소리 따라
한 무리로 떠다니던 송사리 시절부터
가슴에 담아온 순수함들이

슬픈 본능으로 인하여
누군가 마련한 미끼를 따라
뭍의 세상으로 나오는 순간부터
눈 맑은 붕어는 끊임없이
가슴에 고인 눈물을 흘렸다

버스 안에 가득 찬 붕어 떼들은
이제 밖으로 쏟아 낼 맑음도 순수도 다한 채
건조하고 충혈된 눈들을 하고
지구의 대기권이 갈수록 오염되고
간밤엔 아들이 아비를 죽였다는 뉴스를
무표정하게 듣고 있었다

낯설은 도시의 정류장에서
떠나는 버스 차창으로
멍한 눈의 내 모습도 함께 실려
어디론가 떠나가고 있는 것을
우두커니 바라보고 서 있었다

〈1983〉

남천유감南川有感

하수下水가 모여 죽어가는 남천을
우리들 어른은 코를 돌려 지나가면
몇 가족 피라미 떼가
헐떡이며 살아가고
아이들은 거기서
오염된 동심조각을 낚고 있었다

〈1984〉

낙동강

낙동강 지나면서
그 푸른 가슴을 앓는다

"피난길에 낙동강을
황소 꼬리 잡고 건넜지"

장죽담배 태우시던 조부님

지금은 강물이 되어
당신의 손주 놈 지남을 아시는지

낙동강 푸른 물굽이가
가슴으로 흐른다

〈1984〉

아침 산책길에

이상도 해라
이 삭막한 도회都會의 변두리에도
조그만 언덕 넘어 아침이 오면
호수엔 반짝이는 잔물결 일고
방울방울 이슬 맺힌 숲길에서
노오란 꾀꼬리가 운다는 것이

쫓기는 사슴처럼
앞만 보고 사노라면
유년의 우윳빛 하늘같은 둥근 꿈도 사라지고
버들피리 소리에도 오줌 마렵던 감정도 메말라서
어디에 따스한 눈길 한 번 주어본 일 있었던가

우리가 잊고 사는 것은
아득한 기억 속의 꿈이 아니라
귀 기울이면 아직도 살아 있는
꾀꼬리의 울음이 있다는 것이다

이슬 내린 언덕 위에서
간밤 취기어린 두 눈 바로 뜨면
잿빛으로 가라앉은 도회도
아침 햇살에 황금빛으로 달아오르고
무리지어 나르는 비둘기의 나래가
희망으로 반짝이는 것을

〈1986〉

차표 한 장 들고

차표 한 장을 들고
개찰구를 돌아 나오면
평행선 철길 위로 기적소리가 다가온다

어딘가 가야 할 곳이 있고
거기까지 실어다 줄 조그만 자리 하나가 있다는 것이
얼마나 행복한 것인가

기계처럼 살아 온
세월 속에서
나는 어디로 가는지도
어디 있는지도 모르는 채
톱니같이 돌아가고 있는 것일까

차표 한 장 사는 날은
가야할 곳이 있어서 좋다
내가 설 자리가 있어서 좋다

〈1986〉

낚시터에서

이승과 저승의 갈림길을 헤매던
누이의 커다란 두 눈에 고인 눈물을 가슴으로 흘리며
하릴없이 낚시터에 앉았다
연못의 물고기는
연잎이 이따금 흔들리는 것과
그 널따란 그림자 아래 쉴 줄이야 알지만
바람에 연잎이 흔들리고
물새가 한 번씩 앉아 울다 가면
잎에 고인 물방울이 또로록 떨어지고
그로 하여 작은 가슴이 파닥이는 줄은 모른다
더구나 물 바깥세상을 향해
새벽하늘처럼 찬란한 연꽃을 피워 올리는 것을
알 수 있으랴!

해가 지면 달이 뜨고
구름 모이면 비 오는 줄 우리 알지만
오고 감이 덧없는 이승에서
누구라 장담할 것인가
가엾은 우리의 목숨

오늘 나는 이렇게 연못가에 앉아
찌 하나를 사이에 두고 모르는 것들끼리
잡고 잡히는 기막힌 장난을 하고 있다

〈1987〉

밀양 강가에서

밀양密陽은 햇볕마저
은밀하게 내리는 곳

강변 갈대숲엔
물새들도 숨어든다

영남땅 고을마다
따스하게 나린 빛이
꽃피는 마을을 돌고 돌아
수천 년 물굽이에 스며들어 있음인가

밀양 강가에 서면
아득히 먼 세월의
선녀머리 신라여인도 생각나고
장죽담배 할아버지의
마른기침 소리도 들린다

〈1987〉

유세장의 태극기

태극기가 환호하는 민중의 손에서
깃발로 흔들렸다
단숨에 수천 장이 쏟아진
유세장의 태극기는
높은 단상의 후보자를 향해
시녀처럼 흔들렸다

흔들리는 것은 같다
흰 무명 고이 접어 만든
품속의 태극기를 꺼내
목메어 만세 부르던 그 때는
피에 젖어 흔들렸다

진정한 애국자라 부르짖는 후보자의
퍼레이드 차량 밑에 깔려 찢어지고
민주주의를 연호하는
시민들에게 짓밟히고

유세 끝난 빈 터에는
이 나라 민주주의와 일회용 애국심 조각들이
하얗게 나뒹굴고 있었다

〈1988〉

금호강 왜가리

금호강 지나면서
우두커니 서 있는 왜가리를 보면
광목바지 헐렁하던 조부님 생각이 난다

하늘은 온통 잿빛 연기
강가엔 숱한 주검의 잔해들

갈 곳도 먹을 것도 없는 난리 통의
막막한 가장家長이 되어
긴 목 빼어들고 백사장에 선

6.25 피난길의
조부님 생각이 난다

〈1989〉

산 길

누가 산길을
호젓하다 했을까

그리운 이도
미운 사람도 없이
기적소리 멀리 들리는
낙엽 진 산길을 홀로 가면

마른 가랑잎
가슴에
바스라진다

〈1990〉

석남사石南寺

장마 끝 긴 구름자락이
아쉬운 듯 풀려가는
가지산 허리춤

걷잡을 수 없는 계곡들은
정맥靜脈으로 내리달아
십삼 층 석탑으로도 누를 길 없는
새파란 정염情炎

바람도 없는
백일홍 붉은 꽃그늘 아래
여승의 가사자락이
조용히 흔들리고 있다

〈1991〉

월악산月岳山

월악산에 올라 보면
산 이름이
그저 그냥 붙여진 게 아닌 것임을 알게 되리라

먼 태곳적
기슭에 깃든 산새들이 노래하고
짐승처럼 순하게 살은 사람들의
입으로 입으로 불리워져
전설같이 그렇게 내려 온
이름이란 걸

십리둘레 암벽을 돌아올라
정상에 서면
바다가 썰물 지듯
달을 향한 끝없는 연모戀慕로
지구가 발돋움 한 모습
이 땅에 산 우리네 여인들
달맞이 하는 마음 응어리져
마침내 월악月岳으로 결석結石되어
둥그렇게 솟아 오른 걸

월악산을 오르면
충주호 파란 물도
눈물처럼 고였다

〈1992〉

응봉산鷹峰山

경상도 울진과
강원도 삼척으로 뻗어 내린
태백준령 응봉산鷹峰山엔
조선의 정신이 퍼렇게 살아 있다
양지와 음지 어느 쪽에서도
곧게 자라는 절개와
사시사철 푸르른 지조
높은 곳에서부터 두꺼운 껍질 벗어
아늘아늘한 피부의 발그레한 정열
굽은 가지는 그대로
절묘한 예술품이고
굽은 둥치는 그대로
용트림하는 웅자雄姿

이곳에 와 보지 않고는
한국의 소나무를 말하지 말라
예로부터 춘양목春陽木으로 이름난
적송赤松의 군락群落에 들어서면
꼿꼿하되 따스한 가슴의
옛 선비들도 만나고
한 겨울 언 땅 위로
덕구온천 뜨거운 물이 솟는 뜻도 알리라

임신년 삼일절에 응봉산에 와서
무릎 살점 벗겨내어 기름 빼간 상처도
천연두 예방주사 자국처럼 다스려
곧게 곧게 자란 소나무를 보고
삼십육 년 치욕의 상처가
아직도 남루한 인간사로 돌아오는
발길이 무겁다

〈1992〉

상화시비尙火詩碑 앞에서

마돈나
간 밤 꿈이 생시냐
우리가 안고 궁그는
지금 이 곳이 꿈이냐
이 허전한 나날들이
꿈이냐 생시냐

깨어 있지 못하는
수많은 발자국들이
마돈나의 침실을 그리워한다
아름답고 오랜
거기를

〈1995〉

IMF 채무자

은행이라는 곳이
찾고 싶을 때 돈 찾고
둘 데 없어 맡기는 사람은 모를 거다
90도로 꺾이는 은행원의 인사도
그 각도보다 더 꺾이는 채무자의
까만 가슴속은 모를 거다
자다 깨면 진땀이 흐르고
자식들의 재롱도 가슴 후비는 아픔이 되고
그 때문에 죽지도 못하는 허망한 가장家長
채무자라는 이름으로
웃음도 자존심도 희망도
그보다 더한 친구도 조상도 신神도 문학도
은행에 저당 잡히고
남루한 하루를 간고등어처럼 절어
어두운 골목길로 돌아서 오면
처자식 기다리는 사글셋방 불빛
눈물 나네
눈물이 나네

〈2000〉

풍경風景

(겨울비)

하얀 눈으로 날리지 못하고
더운 날 시원한
소나기도 되지 못하고
속절없이 아픈 사람
가슴만 적시는
겨울비

(동전)

지하도 입구에서
발 없는 걸인이 손을 벌렸다
호주머니 지폐를 만지작거리며
그냥 오고 말았다
동전이 없어서

(불황)

가로등 눈을 뜨는
저녁답
외진 골목길
식당집 부부가 마주 앉아
저녁을 먹는다
손님이 들 시간인데…

〈2001〉

경주남산 청설모

경주남산 청설모는
반들반들 살이 졌다
오가는 사람들의 찌꺼기를 주워 먹고
슬픈 습習을 길렀구나
야성野性을 잃고 눈치만 늘어
산속의 먹이는 구하지 않는다

차운 바위에 따슨 숨결과 미소를 빚던
신라 석공石工의 후예는 어디로 갔는지
시멘트로 붙여놓은 돌부처의
목이 아프다

청설모는 야성을 잃었지만
우리들은 전설을 잃었구나
왕릉을 지키는 묵은 소나무 이끼 낀 바위마다
천년 자취는 파랗게 남아
오늘도 경주남산 오르는 길엔
청설모가 두 손을 모아 부비며
그리운 전설조각을 모으고 있다

〈2001〉

길 치

몇 번을 갔던 길도
처음 온 길인 양 낯설어하는
길눈 어둔 아내와 산행을 갔다

길치라고
나 없으면 이렇게 산행이나 하겠냐고
우쭐해 하는데
돌아오는 한마디가 목덜미를 잡는다

길눈이라도 어두운 탓에
당신이라는 사람 늘
새롭게 보며 사는 거라고

〈2011〉

산길에서

이렇게 홀로 가는
산길이 아니었다면
가슴 저 깊은 곳에서
무시로 불어오는
허허로운 바람을 잠재울 수는 없었으리라

나무들 묵묵히 서 있는
숲 그늘에 들면
어린 산짐승 발자국 난 길 우에
여린 산새가 울어

그들이 깃들었던 조그만 땅굴
나뭇가지나 풀섶에 올린 빈 둥지
이렇게 아린 목숨들 살아가는 산길에서
내 방황은 조용히
잠들곤 하였다

〈2011〉

그리운 언덕

박 쥐

서산에 황혼이 질 때면
몸서리치는 희열이 있다
어둠을 비는 검은 날갯짓
창공으로 오르는 몸부림

폐가의 반딧불빛 타고 흐르는 무당의 북소리는
재생의 찬가처럼 구성지고
어둠이 스민 곳곳마다 라이너 마리아 릴케의
우리를 기쁘게 하는 것들이 있어서 좋다

나의 애창곡은 쇼팡의 장송곡
행상집, 묵은 기와, 허물어 진 벽, 썩은 문짝에
가슴 가득 향수가 인다

부엉이의 음침, 귀촉도의 피맺힌 슬픔
그들의 울음소리에 오늘 하루 안식을 얻고
쓸개 없던 태고의 지혜를 자랑하며
무겁게 가라앉은 밤 저수지 속에 기쁨이 있어 질주도
해 본다

그러나 쉴 새 없이 날개를 치건만
동녘 하늘로 떠오르는 빛이 있어
가슴에 불타는 분노가 인다
알랑거리던 지혜도 간사도
그 앞에선 소용이 없어
마침내 날개깃에 날카로운 발톱 감추고
폐가된 김창봉 덩그런 지붕 밑으로
사라져 간다

〈1974〉

비碑

이조시대 탐관오리이던
내 주인은
순간을 살고서 영원으로 남고자
화강암 갈고 닦아 나를 세웠소

인생 백년의 고락을 몇 자 글귀에 담아 지고
앞서만 가는 세월을 따라
예까지 왔소이다

풍우는 쉴 새 없이 회한을 씻어 내고
이끼는 파인 글을 묻어갔지만
얼마를 더 견뎌야 하오리까
짐은 조금도 가벼워지지 않더이다

땅속에 발목이 묻히고
금강의 이 몸이 무릎을 꿇도록
백년 생의 짐은 무겁더이다
몇 겁을 앉아 지울 수 없는 회한이더이다

〈1974〉

아름다워라 사랑의 꽃

- 결혼 축시 -

참으로 신기하여라
천지에 아득한 눈발이라도
저마다 내리는 곳이 따로 있듯이
어드메 먼 세상에서 서성거리다
어느 날 갑자기 서로에게 다가와서
반짝이는 의미가 된다는 것은
결코 예사로운 일이 아니로구나
소중하여라 크나큰 인연이여!
아름다워라 사랑의 꽃이여!

사랑한다는 것은 받아들이는 것
내가 당신의 전부이듯
당신이 나의 전부이듯
사랑이여 당신이 나의 일부이듯
내가 당신의 일부이듯
당신의 모든 것을
당신의 가족이며 친구며
당신이 지켜 온 비밀까지도
내 품에 힘차게 끌어안는 것
그리하여 마침내 당신과 내가 없는
나와 당신이 없는
하나의 동그라미가 되는 것

이제 당신과 내가 마주 보는
사랑의 눈빛을 모아
영원과 행복이라는 이름의
밝고 환한 등불 하나 밝혔어라
당신은 불꽃이 되고
나는 기름이 되어
비바람이 불어도 눈보라 쳐도
꺼지지 않는 불꽃이어라
마르지 않는 기름이어라

〈1982〉

까 치

어느 전생의 수도승
못다 한 꿈인가
빈 들판 높은 가지
얼기설기 인연 같은
비바람 고행의
움막 하나 올려놓고
반 뜨인 천리안
밤을 새워 굴리다가
뉘 집 기쁜 소식 알아내었는가
"관세음"
"관세음"
날아와 운다

〈1984〉

풀잎의 노래

울릉도 바위섬에
섬바디로 누웠거나
대관령 산자락에
목초로 앉았어도
아침이슬로 맺히는
풀잎의 숨결이야 다름 있으랴

오차드, 크로버, 파이오니아 개량초나
바랭이, 망초, 쑥대궁이 잡초나
되새김질로 화해되면 모두가
젖과 고기로 다시 나느니

다 같이 이 땅의 민초로 태어나
개량초면 어떠하며 잡초면 어떠하랴
만수산 더렁칡이 얽히어 살아도
깊고 큰 뿌리 가득 갈분을 채우듯이

기나긴 밤이 가고 아침이 오면
우리를 덮던 어둠도
잎새마다 영롱한
아침이슬로 맺히리라

〈1987〉

연변을 생각하며
- KBS광복 40년 특집 「연변을 가다」를 보고 -

가까이는 일제시대
분노와 통한을 등에 지고
압록강 두만강을 건넜던
멀리는 큰 활 어깨에 메고
만주벌판을 말달리던 우리의 조상들이 있었네

아득히 먼 북녘들판의
바람뿐인 땅에서 뿌리 내리고
백두산 자락에 쌓여
78만의 한민족이 살고 있는 땅 42,700㎢
연변 조선족 자치주

노인은 고향 같은 초가집 짓고
변하지 않는 입맛으로
땅속 깊이 김칫독을 묻어 두고
초롱한 눈망울의 학생들이
우리말과 우리글을 쓰고
윤동주님의 「하늘과 바람과 별과 시」를 읽는
이 거짓 같은 사실이여!

광막한 竹의 장막에 그늘지고
죽음 같은 鐵의 장막에 가로막힌 세월 저편에서
떳떳이 대한의 자손임을 자랑하며
아리랑과 도라지
노들강변 젓가락 장단에 어깨춤을 덩실덩실 추는
이들은 누구인가
백두산록의 산나물과 약초들이
연변시장에 풍성하듯이
우리의 혀가 꼬부라지고 눈이 멀어 있을 때
그들의 가슴에는 조선족의 정신이 넘쳐 있었다
우리가 진실로 부끄러워해야 할 것이 무엇인가를
새벽종 같이 일깨워 준
백두대간의 자손들이여!

단군 할배 오실 때부터
길림성 남녘접경에 두만강 있고
백두산 천지에서 나린 물이 강물 되어 흐르지만
열혈의 가슴으로 그 강을 건넜던 자치주 1세의 노인들에겐
죽어서 돌아올 수 없는 강이여 !
「한민족은 중국민족과 다르다. 그들은 더 가슴이 뜨겁다」는
말을 남기고 방문객은 돌아오고

「기회가 있으면 다시 오셔서 연변을 충분히 구경하세요」
한복 곱게 입은 여인은 두 손을 흔들었다
연변의 여인이여! 동포여!
다시 만날 그 날을 우리는 꿈꾸며 기다리겠노라

– 남북이 통일되고 연변의 자치주 우리 동포가 합하여서 마침내 만주 땅도 우리 국토로 광복되는 날 너무도 좋아 백두산 천지에서 유람선을 타다 물속에 떨어져 300길 넘는 천지 속에서 잠자는 白龍의 콧등을 밟아 버렸다 –

무진년 용의 해에 용꿈을 꾸고서도 나는
아직도 말하지 않았노라
길몽은 이루어질 때까지 입으로 말하지 않는 것이라고...

〈1988〉

향가鄕歌 그리매

천년 세월 저편
맑은 눈매를 하고
이 땅에 산 이들이 있어
해 지고 달 뜨듯
그래 살은 이승이라
번뇌도 원왕생願往生
공덕 쌓는 달빛 조각

삼라만상이 인간과 통하여
생사의 길이
거기 있으매 두려운 줄 알았던
우리네 옛 사람들
낙엽 한 잎이라도
미타찰彌陀刹에 떨어지는 아으
신라의 고운 하늘빛

꽃잎 뿌리면
도솔천의 부처님을 맞이하고
저버린 언약이라도
노래로 불러 돌이키고
아름다움은 노인이라도

바위벼랑에 올라
임금다이 신하다이 백성다이
안민安民의 노래 부르던
아! 두고 간 뜻 가지 높아
서리 모르던 랑郎이여!

이제 아득한 오늘
높은 잣나무 가지 부러지고
서로 겨워 살줄 모르는
미욱한 후손들
랑이여 세월의 벽을 넘어
도솔천의 피리소리 한 가닥
울리오시라

분단과 불신과 독선의
암울한 구름 거두고
맑은 하늘 다시 여는 그 소리
귀 기울이며
도 닦아 기두리고저...

〈1989〉

독서실 애가哀歌

철문이 내려지고
우리는 아침까지 갇혀 버렸다
옆자리 사수생四修生 형은
자정 넘어 내려지는 철문 소리에
가슴이 저린다고
초저녁잠을 미리 자 둔다

저 단절의 문을 넘어서지 못하고
세 번째 독서실로 돌아오던 날
이제 정말 사수생死修生이 되는 거라며
창밖을 보고 울었다

한 뼘씩 격리된 공간 속에서
엎드려 새우잠 자는 여유마저
새벽녘 악몽에 시달린다
부드득 이를 갈고
두 팔을 내저으며 신음하다
소스라쳐 일어나 앉으면
여전히 어둠 속에서 혼자인 우리들

아! 우리가 바라볼
싱그러운 태양은 언제나 뜨는가
합격이라는 날개를 달 때까지는
어디에도 갈 수 없는 공간 속에서
조그맣게 갇혀 있는 우리의 가슴으로
오늘도 어김없이 철문이 내려진다

〈1990〉

까치소리

창가에 다가와
아침 문안 올리던 너는
하얀 저고리 깜장치마
조선의 여인

이제는 퇴락한 기와집
이끼 낀 추녀 밑에서
찰랑거리는 네 치마꼬리에
마른기침 하던 참봉도 가고

저만치 빈 들판 나뭇가지에
옛 소리로 남은 너의
둘 곳 없는 울음이
잊혀진 시절을 그리는 우리의
아픔으로 남아 있구나

〈1990〉

신혼일기

석 달 만이던가. 결혼 후 처음 사무실로 전화하여 만난 여인이 "그냥 한 번 보구 싶어서..." 멋쩍은 웃음을 남기고 장바구니를 든 채 골목길을 돌아 사라졌다. 긴 머리에 허리가 길쑴한 여인의 뒷모습을 여운처럼 떠 올리며 한동안 멍하니 서 있었다. 어디메 먼 세상에서 살다가 갑자기 나에게로 다가와 빈털털이 못난 사내가 뭐가 그리 좋았던지 만난 지 꼭 두 달 만에 면사포 쓰고 문패 없는 변두리 조그만 사글셋방에 갇혀 있는 사슴 같은 여인이 그때까지 도무지 나의 아내로 생각되지 아니 하였다.

이제 십년이 지난 오늘 약속한 무엇 하나 이룬 것 없는 사내가 는 것이라고는 술과 잡기뿐이다. 소갈머리 없는 사내의 월급봉투 쪼개어 알뜰하게 살아 주는 여인도 옛날의 모습이라고는 한군데도 남아 있는 것이 없다. 그런 여인이 하숙집 아주머니나 식모쯤으로 생각되고 까닭 없이 미울 때가 있을 때 사내는 생각한다. 긴 머리에 길쑴한 허리를 하고 장바구니를 들고 골목길을 돌아가던 측은한 여인의 뒷모습이 지금도 눈에 삼삼하고 아직도 내 사람이 되어 산다는 게 믿어지지 않는데 십년 지난 오늘도 또 십년 후의 내일도 사내는 늘 신혼일기밖에는 쓸 수가 없다고.

〈1990〉

신혼일기 II

어느 날 정말 우연하게도
푸른 물가 부드러운 모래톱에 묻혀 있는
빛나는 돌 하나를 보았네
가던 걸음 멈추고
누가 볼까 가슴 조이며
소중히 가슴에 품었었네

한 줌의 빛이 들어오는
조그만 방에 놓아두고
세상에 이리 고운 돌이 있었을까
이 돌이 정말 나의 것일까
아끼며 사랑하였네

그러나 그 돌은
넉넉하고 부드러운 모래와
그득히 쌓이던 햇볕을 베풀지 못하는
내 가난한 영토에 갇혀
생동하던 빛은 조금씩 바래고
야무진 윤기도 야위어
마침내 남루襤褸의 이끼가 끼고 있었네

하지만 그것은 세월 탓일 거라고
세월이 가면 다 그렇게 되는 거라고
큰소리하며 살았네
그리고 그 때 그 모래밭에는
더 부드럽고 빛나는 돌들도 많았다는 기억을
부질없이 떠올리기도 하였네

아! 그러나
물속의 고기들은
푸른 이끼가 낀 돌에다 알을 낳고
새끼들을 키우고
산소를 얻어 호흡한다는 사실을
알지 못하였네

어느 틈엔가 그 돌은
내 조그만 보금자리 가득히
푸른 빛 이끼를 피워내고
그 품에 또 다시 빛나는 조약돌 하나를
키워 내고 있었네

나는 순하게 길들여진 짐승같이
날마다 그 품으로 돌아와
잠들고 있네
잠들고 있네

〈1992〉

공사판 모닥불

전신으로 겨울 새벽을 떨며
모닥불을 피운다
한 가닥 목숨 이어 감이
장작개비 불꽃보다
나은 것은 무엇인가

불똥들은 수 없이 날아올라
진눈개비로 어깨 위에 떨어진다
그것은 일 년에도 수십 채의 집을 짓는
집 없는 우리의 꿈 조각들

어깨를 털고 벽돌을 짊어지면
이미 허물어진 우리의 어깨
다시 부서져 내리는 것은
피곤한 육신일 뿐

오늘도 무릎 한 쪽 빠져나간
해가 기울고
짓다 만 건물이
폐허처럼 황혼에 잠기면

부서진 벽돌조각과
동강난 철근들이 모여 앉아
어둠 한 자락 끌어안고
모닥불을 피운다

〈1990〉

고분古墳 앞에서

경주에는
처녀의 젖가슴도
고분을 닮아 있다

아득한 시절의
옥이 순이 젖무덤은
시들어 갔어도
언제나 팽팽히 긴장해 있는
천년의 가슴

경주에 가면
소년처럼 가슴이 뛰고
부끄러이 구석진 술집을 찾아
자꾸만 말라오는 목젖으로
한 잔 술을 마신다

〈1992〉

동물원 일기

동물원에는
어느 먼 나라에서 떨어진
별들이 산다
황새, 왜가리, 청둥오리…
아킬레스건이 잘려버린
접은 날갯죽지에는
먼 시베리아 계절풍이 잠들어
한 번씩 죽지를 퍼덕여도
바람을 타지 못한다
한 길도 넘지 않는 울타리에 갇혀
온종일 우두커니
서서만 있다

호랑이 담배를 피웠다는
먼 전설의 숲에서는
노루 토끼들이 오줌을 지렸을
노린내 나는 맹수 우리에는
끝없는 유배지의 고독이 있다
타고 난 야성野性을
어쩌지 못해
오늘도 쉬임 없이 맴돌고 있다

〈1995〉

불국사에 와서

술 한 잔 고기 한 점 취했어도
내 불국佛國에는 들지 않으리라
그렇게 오래 두고
마음으로 묻어온 곳
가 보지 않았어도
석가탑 다보탑이 서 있고
자하문 의연히 솟아 있었다

이제사 인연의 끈이 닿아
계유년 섣달 초나흘 달이
남산 우에 밝아 올 적에
불국의 저녁 공양을 하게 되었나니
부끄러울사 신라의 후손이여

인적 끊긴 경내
승방의 불빛 창호에 은은하고
싸늘한 겨울 밤하늘
별빛이 풍경을 흔들고 있다
이윽고 새벽예불을 알리는 법고소리가
긴 회랑을 돌아 나오면
스님의 가사자락이 어둠을 스치며
법당으로 들어선다

법고 대종 목어 운판 차례로 울어
삼라만상이 법계로 귀를 열고
스님들의 독경이
우렁우렁 가슴을 흔드는데
부처님의 미소는 천년을 자애롭다

달과 별과 어둠과 흐르는 시간도
촛불에 녹아내리고
무거운 세상사도 향불로 사루는
여기 불국에 들면
쫓겨 온 속인의 마음마저
풍경으로 울린다

〈1994〉

새벽 산사山寺에서

끝이 없고 있을 수도 없는
까마득한 공간과
시작도 끝도 없는
아득한 시간 속에서
어디 먼 별빛이 내리는지
풍경風磬이 울린다

촛불이 타고
향불이 타고
자취 없는 마음 하나
조용히 흔들리고 있다

〈1999〉

절

절에 가서
절을 한다
새털보다 가벼운 마음의
돌덩이 같은 몸 일으켜 세우며
세우며
절을 한다

〈2000〉

새벽달

서녘 하늘
보름 지난 달이 진다
저 달이었구나
내 가슴 늘 비어 있는 그것은
밤사이 하늘에 떠 있다가
눈 부비고 일어난 새벽을 넘어가는
시리도록 맑은 달이었구나
계수나무 아래 방아를 찧는
아른한 꿈을 허공에 두고 오래도록
나는 깊은 잠만 잤구나

밤마다 잠든 사이
꿈은 허공에서 둥글고
오늘도 가슴시린 새벽길
달이 진다

〈2001〉

그믐달을 보며

정이월 스무 여드레 새벽
서녘 하늘을 넘어가는
초사흘 달 같은 그믐달을 보셨나요
초승달은 저녁에 뜨고
그믐달은 새벽하늘을 넘어가는
오랜 우리 전설을 아시나요

깜깜한 미래를 안고 시작하는
우리들의 유년처럼
초승달은 상현上弦에 어두운 제 몸 그림자 싣고
광막한 밤 허공을 건너야 하지만
둥근 보름 달뜬 꿈도 깨우고
어둔 제 그림자도 하현下弦 아래 벗어 내린 후
여명의 서늘한 하늘
가벼운 몸 서녘으로 누이는
그믐달을 보셨나요
그믐달을 닮아가는 아으 우리들의
야윈 얼굴을 보았나요

〈2003〉

낙엽 내리다

운문사 내원암 약수터에서
우리네 머리털처럼 우수수 떨어져 내리는
나뭇잎을 본다

머리털이 빠지면
사위어 가는 목숨에 대한 미련 아득하지만
나무들에겐 그저 한차례 해탈일 뿐이다

가지가지 시퍼렇게 맺은 인연 오색으로 물들여
바람도 없는 하늘로 허물처럼 벗어 내리는
저 축복의 몸짓 어디 흉내라도 낼 수 있을까

약수 한 그릇에도 미련만 가득 담기는
안타까운 중생衆生의 발밑으로
화두처럼 낙엽이 내리고 있다

〈2004〉

풍경風磬소리

풍경이 울린다
바람은 바람으로 지나는데
당그랑 당그랑
풍경이 소리를 낸다
바람이 지난다고 모두
맑은 소리만 낼 수 있을까
더러는 침묵하고
더러는 소란스런 불협화음

세월이사 가만 가만 지나가는데
우리네 삶도 그냥 흘러가는데
가는 대로 가노라면 그만인 것을
빈 깡통소리 요란한 세상

세월 가는 대로 삶이 가는 대로
남루한 몸과 마음 고요히 삭여
삶의 비늘 하나 털어내더라도
댕그랑 당그랑 당그랑
서로의 영혼을 맑히는
풍경으로 울릴 일이다

〈2005〉

오작烏鵲의 사랑

직녀님!
오늘 칠월 칠석입니다
당신의 기쁜 눈물이
고운 달빛마저 가리웠나요
나는 한 마리 새가 되어
저 까마득한 하늘로 날아오릅니다

오직 견우만을 그리는 직녀님
이제 한 번쯤은 생각해 주어요
직녀님의 사랑을 위하여
기꺼이 하늘다리가 되는
가여운 사랑도 있다는 것을...
직녀님 걸음마다
작은 새의 날갯죽지가
가벼이 부서진다는 것을
이제 한 번만 생각해 주셔요

그래요 오늘 밤 내리는 비도
당신의 사랑을 구하지 못한 채
당신의 사랑을 위해 끝없이 날갯짓하는
작은 새의 눈물임을
이제 한 번은 기억해 주세요

견우님!
돌보던 양들 버리시고
멀리 은하를 건너가셔도
오작교 위에서 한 번쯤 생각해 주어요
견우님 사랑을 위해
아득한 그곳 은하에까지 사무친
작은 새의 갸륵한 사랑이 있다는 것을...

〈2005〉

낙엽으로 지다

바람 부는 들판에서나
낙엽 떨구며 비 오는 가을날이거나
봄, 여름 그리고 눈 내리는 겨울날
밀물처럼 저 깊은 곳으로부터
소리 없이 다가와 가슴에 사무쳐
바스락거리는 가랑잎 같이
우리를 목마르게 하는 것

시퍼런 하늘 저 끝까지 닿아
영혼조차 표백시켜 버리고 마는 그것은
마음속의 블랙홀
무엇이 그렇게도 아쉬운 것인지
무엇을 그렇게도 못 잊어 하는지
알 수 없는 가슴앓이

바람 불어 잎 새 흔들릴 때마다
독감처럼 앓다 보면
가을날 낙엽이 지면 알 수가 있네
이 사무친 그리움이 내 자신임을
나에게로 향한 마음의 그림자가
환상처럼 그리움으로 온다는 것을
내 자신을 향한 슬프고도 고독한 사랑

가을바람에 잎 지고 나면
푸른 하늘 더욱 푸르고
감나무 가지 끝
빠알갛게 익은 감들만 가을 하늘에
서늘히 남는 것임을

무시로 다가와 가슴을 치는
아픈 그리움도 반가이 앓을 일이다
한 방울 물기도 없이
마른 가랑잎으로 바스라 질 일이다
그리하여 마침내
빠알간 열매하나
가슴속에 익힐 일이다

〈2009〉

경주의 밤 삼국유사 속으로

봄날 반월성 돌아
왕벚꽃 그늘에서 꿈을 꾸었네
고분 둥그런 언덕 너머로
황혼이 곱게도 내려

모량리에서 홀어미 모시고 살다가
밭 한 뙈기 눈먼 스님에게 시주하고
무영탑 그림자 만드는 원을 세웠지만
얼굴 큰 대성은 돌아오지 않았다

신평리 들판에 개구리가 울고
여근곡 어스럼 속으로 도적이 내려도
사모하는 화랑의 말발굽 소리는
끝내 들리지 않았다

아으 덕 높으신 여왕이여
천년의 길 떠나신 가마를 멈추시고
내 잠든 몸 우에 비단 옷 한 자락 내려 주시면
이대로 한 송이 꽃으로 피어올라
님의 아득한 길 밝히는 꿈 깨지 않겠습니다

동해바다 넘어오는 칼바람 삭이며
댓잎병사 되어 서라벌을 지키다가
마침내 어둠 걷히고 동녘이 밝아오면
대왕의 무덤 앞으로 흩날리는
가여운 몸 조용히 누이겠습니다

〈2014〉

서정의 일상과 느림의 시학(詩學)

엄 창 섭

(설악희망포럼 회장, 국제펜클럽한국본부 고문)

1. 생명의 통신(通信)과 따뜻한 감성

낮은 산자락이 순결한 영혼의 상징인 흰 눈에 덮이는 단절의 계절이다. 비정한 이기주의로 치닫는 시간대에 소박한 기대를 저버리지 않은 맑은 영혼의 소유에게 마땅히 수행해야 할 존엄한 시대적 소임은 더없이 요청된다. 창조하는 영혼은 보다 아름답고 위대하기에, 정신작업의 종사자인 문인은 갈등과 모순에 기인한 마음의 깊은 상처(trauma)로 소소한 삶의 일상에서 좌절한 이들에게 밝은 비전을 일깨워 줄 중차대한 소임을 담당하여야 한다. 이 같은 상황에서 역사의 정체성을 인식하고 날(刃) 푸른 자존감으로 미래의 지평을 따뜻한 감성으로 열어가는 백복윤은 1991년『문학세계』신인상을 통해 데뷔한 우리 시단의 예언자적 존재이다.

모두(冒頭)에서 지적할 바라면, 그 자신이 눈부신 존재의 꽃으로 형상화시킨 "동해바다 넘어오는 칼바람 삭이며 / 댓잎병사 되어 서라벌을 지키다가/ 마침내 어둠 걷히고 동녘이 밝아오면/ 대왕의 무덤 앞으로 흩날리는/ 가여운 몸 조용히 누이겠습니다(경주의 밤 삼국유사 속으로)"에서와 같이 시적 상상력을 통해 명증되는 것은, 그간에 배달민족이면서도 친일사관에 의해 단군(檀君)의 실체를 부정하고 신화(神話)로 단정했던 그 치욕이, 뒤늦게나마 '한 민족의 피와 혼의 상징인 실존인물로 새롭게 고증되고, 우리의 상고사(上古史)가 권력의 군림이 아닌 교화(敎化)의 역사'로의 입증은 민족적 자긍심을 일깨운 사건이다. 근간 사회일각에서 국가와 민족의 명분을 내세우며 곤욕(困辱)마저 감수했던 지난날의 신념을 안타깝게 저버리고 무책임한 언어유희(pun)로 대립과 갈등을 조성'하는 현상에서 시적 치유(治癒)의 소중함을 다시금 논의하지 않을 수 없다. 이 점에 있어 1995년 청각장애자의 몸으로 미스 아메리카의 영예를 얻었던 헤더 와이스톤이 '이 지상에서 가장 불행한 장애자는 불평하는 자이다. 그는 자신을 불행하게 만들 뿐만 아니라, 주위의 모든 사람을 불행하게 만든다.'라며 기자의 질문에 답하였듯이 신뢰와 공의, 그리고 감사함을 저버린 이들의 행태는, 무릇 불행을 안겨주는 인자(因子)에 해당하기에 실로 안타깝다.

이 같은 절망감에 세상은 보다 암울해지고, 저마다 소외

감에 불면의 밤과 직면하게 되기에, 격랑의 세월 앞에서 '역사를 다스리는 신의 섭리'에 의해 '슬로 라이프(slow life)'적인 여유로움을 체득하여야 비로소 갈등의 매듭은 자연의 순차(循次)로 풀릴 것이다. 어디까지나 증오심과 저주는 사랑과 용서로 화해되고 용해되기에, 바른 글 치기를 통해 존귀한 자존감은 회복될 것이기에, 이 땅의 누구보다 문장의 틈새에 높은 시격이 녹아 있는 인간다운 삶의 자리매김을 위해 망설임을 반복한 끝에 순수서정의 미감이 감미로운 『꽃으로 피고 지고』(홍익출판사, 2014)를 이렇게나마 상재함은 함께 기뻐하고 축하할 일이다.

무릇 정신이 피폐하여 궁핍한 시간대에 삶의 일상에서 감동을 회복시키며, 그 나름으로 상처받은 영혼을 치유하기 위해 꿈의 날개를 달아주는 일에 주의 집중한 백복윤 시인의 창조적 행위가 생명에의 변주라는 기본 틀에서 소외된 이웃의 끌어안기로 따뜻한 정신기후의 조성은 신선한 감동으로 해석되어진다. 이처럼 끈끈한 삶의 연계선상에서 자유로운 바람처럼 푸른 생명의 통신에 의한 삶의 교시(教示)로 따뜻한 교감과 통섭(通涉)을 수용한 존재의 꽃은, 〈꽃으로 피고지고(15편), 봄 여름 가을 겨울(16편), 고향은 멀어지고(17편), 초병의 향수(11편), 발길 머문 곳에 그리움이(22편), 그리운 언덕(24편)〉의 직조에 의해 시적 응축미를 효과적으로 살려내고 있다.

비교적 그만의 정신풍경으로 채색된 기억 흔적의 총화(總和)인 시집은, 자연친화적인 순수서정을 시의 종자로

엄숙한 삶을 시적으로 형상화 한 지극히 생산적인 결과물인 까닭에 새로운 관심과 논의의 대상이 된다. 일단 시점을 달리하여 "솜털 보송보송한 목덜미/ 붉게 타는 정열 안으로 삭이는/ 하얀 영혼의 아픔(할미꽃)"의 시적 처리나 "갈대밭에 누워보면/ 인생 또한 철새인데/ 우리들 철새는 하나씩/ 설 땅을 잃어간다(을숙도에서)"나 또는 "금호강 지나면서/ 우두커니 서 있는 왜가리를 보면/ 광목바지 헐렁하던 조부님 생각이 난다(금호강 왜가리)"의 시적 발현(發現)은, 언어의 절제된 힘과 내면적 깊이를 통해 삶의 내면성을 풀어 보인 유년의 추억과 미래에 대한 꿈의 시학으로서 절망을 무너뜨리는 구원의 징표로 해석되어진다. 바로 이 점은 그만의 특이한 시적 토양이며 시정신이 말끔 정제된 밝음 지향으로, 열린 우주로 지향한 '새와 바람, 그리고 사계(四季)의 정조(情操)'로 치부된다. 다소 모더니티한 시적기법이 결여된 점은 없지 않으나, 그의 시적 발상은, 순수서정미의 표출을 고정화하는 경향, 친근한 소재의 확장과 다양한 기법의 원용, 그리고 복잡한 어조와 어법을 단순화하는 삶의 기본양상에 의한 담백한 기호화의 작동에 잇닿아 있다.

2. 사유(思惟)의 깊이와 생각의 속도

랜섬(John Crowe Ransom)이 "시는 자연미의 표현이며, 상상이라는 훌륭한 기능이 시의 작인(作因)이다."라고 지적하였듯, 꿈의 시학으로 해석해도 지나치지 않는 백복윤 시인의 시정신은, 비교적 푸른 꿈이 내재되어 있는 식물성 언어로 직조된 전율 같은 가슴 떨림이며, 동시에 그만이 겪는 기억 뒤편의 잊혀 진 황홀함에서 비롯된 행복한 언어의 집짓기에 해당된다. 자기 직업에 충직한 한 사람의 존재자로 지식 · 정보화시대를 살아가면서 사유의 시간을 의지의 접합과 조화로움, 그리고 투명한 음조(音調)를 쏟아내며 인간의 무자비한 환경파괴로 거대한 숲이 새들의 안식처와 노래마저 살아지게 할 위기에서도 인용한 시편에서 보여주는 그만의 멋스러움은 신선한 시의미를 교시(敎示)한다.

> 추녀 끝 봄볕에/ 성암사 풍경風磬이 가만히 속삭였다/ "간지러워"/ 풀잎 하나 돋아나고/ "간지러워"/ 꽃잎 하나 피어나고
>
> -<봄볕> 전문

> 영남嶺南과 호남湖南 가뭇한 들에// 하이얀 하늘 조각들이// 파아란 지평선을 오르내린다//
>
> -<백로> 전문

모름지기 절박한 삶의 현상에서 더없이 요청되는 것은, 사유하는 자의 삶과 관심사이다. "우리가 몸담고 있는 이

시대는 음울하다. 비열한 이기주의 때문에"라며, 『쟝 크리스토퍼』에서 로망롤랑은 "죽어야 할 자여, 죽음으로 가리라. 괴로워해야 할 자여, 괴로움으로 가라. 행복하고자 사는 것이 아니니, 나의 섭리를 이루고자 사느니라. 괴로움을 당하여라. 그리고 죽어라. 그러나 네가 되어야 할 것이 되어야 한다.-한 인간이"라고 기술하였다. 오늘날 현대인이 겪는 심리적 병폐성을 치유(治癒)하기 위해 시적치료를 비롯한 회화 및 음악치료가 다채롭게 논의되고 있다. 그 같은 연유로 놀만 빈센트 필이 "한 순간의 분노나 격한 감정이 치솟을 때, 아름다운 기억이나 좋은 시를 떠올리면 마음에 평정을 얻게 된다."는 지적이 좋은 반응을 효과적으로 보여주고 있음은 주지할 바다. "연분홍 나비 떼가/ 눈처럼 내렸다(어느 봄날에)"의 정감을 포함하여 "못된 짓하다 들킨 양 깜짝 놀라 황급히 바지춤을 추스르고는 살그머니 조팝나무 꽃덤불 사이를 빠져 나오고 말았습니다.(춘화도)", 그리고 "우리 유월의 숲으로 가자/ 밤하늘 별처럼 반짝이며/ 수줍게 숨어있는/ 산딸기 따러 가자/ 첫사랑 같이 새콤하고 달콤한/ 산딸기 따러 가자(6월)"의 시편은 미적주권이 확립된 순수서정으로 정제(淨濟)되어 빛나고 있다.

인간은 유한적인 존재로, 온갖 고뇌를 겪어야 할 비극적인 실체인 까닭에, 위대한 제왕도 그 자신의 운명에서 벗어날 수 없다. 놀랍게도 백복윤 시인이 "겨울나무에 기원처럼 걸어 둔/ 아버지의 하늘 한 조각은/ 어디를 향해 열려 있는 것일까(고향 이야기)"라는 반문을 제시하며, 참으로 암울했던 한국전쟁의 역사를 조용히 응시하며 "철조망 사이 무성한 풀이슬과/ 잘 닦인 총검에 달빛 부시고/ 밀려오는 향수에 초병은/ 고개를 흔든다(초병의 향수)"의 예시나 "여기는 깊은 산 속/ 옛날 화전민 살던 곳/ 지금은 아무도 올 수 없는 비무장지대(고무신)"의 민족적 한(恨)을 회감(會減)하면서도 끝내 생명경외의 자존감을 당당하게 지켜내며 "삭막한 이 전선의/ 얼어붙은 땅에서도/ 어느 풀은 파랗게 자라고 있어라(새해 아침에)"에서 갈망하는 불멸의 시혼(詩魂)은 못내 눈물겹다.

무엇보다 인간은 가치 있는 삶을 위해 사유의 깊이를 더하되, '어떻게 살아야 하는가?'라는 절박한 문제와 직면하면서도 밤에 입은 잠옷도 한순간 수의(囚衣)가 되는 가능성도 부정할 수 없는 존재인 까닭에, 새로운 문화의 세기인 새해 벽두인 2001년에 씌어진 〈풍경〉은 (겨울비)→(동전)→(불황)의 새표(화살표)로 연계되고 "울릉도 바위섬에/ 섬바디로 누웠거나/ 대관령 산자락에/ 목초로 앉았어도/ 아침이슬로 맺히는/ 풀잎의 숨결이야 다름 있으랴(풀잎의 노래)"에 잇닿아 있다. 이 같은 연유로 〈새벽 산사에서〉 예견되는 "끝이 없고 있을 수도 없는/ 까마득한 공간과/ 시작도 끝도 없는/ 아득한 시간 속에서/ 어디 먼 별빛이 내리는지/ 풍경風磬이 울린다(새벽 산사에서)"의 그 적막감에 합일되어 상처 입은 영혼을 치유하고 보다 맑게 정화시켜주고 있다.

이 시간 존엄한 삶을 살아가면서 인생을 보다 가치 있게 하는 영위하기 위해서는 자신을 물음 앞에 겸허히 놓아 보아야 한다. 그것은 존귀한 생명의 외경심이 경시되는 세태에서, "어제는 어떻게 살아왔고, 오늘은 어떻게 살아가고 있으며, 내일은 어떻게 살아갈 것인가? 그리고 생의 종말 뒤에 우리의 영혼 문제는 어떻게 될 것인가?"와 같은 본질적인 물음 앞에서 인생의 소중함을 다시금 인식하는 행위이기에, 다음과 같은 일상사로 "세상사람 모두 눈멀었지 아버지는 아직도/ 갈데없는 아들이 믿기지 않았다/ 니 우얄끼고? 니 우짤라카노?/ 하릴없이 아버지를 따라 나서는 아들의 가슴에/ 어머니는 또 못을 박고 말았다(2004년 가을)"라는 체념은, 삶의 본질을 관통하는 고뇌이며 무게로 해석된다. 까닭에 이 같은 문제는 '어떤 내일을 맞이할 것인가? 그리고 삶의 가치를 무엇에 둘 것인가?'의 물음과도 직결된다. 고통을 겪는 과정에서 낡은 자기는 죽고 그렇게 해서 새로운 인간이 태어나기까지 감당키 어려운 시련이 주어질지라도, 새로운 것을 점철(點綴)하는 고뇌의 시간이 절박한 것은, 그 가치와 의미가 위대한 창조와 결속된 탓이다.

3. 삶의 교시(教示)와 선한 심성 다스리기

진리와 정의의 표징으로서의 빛은, 어둠을 밝히며 무지

를 무너뜨리는 저력을 지니고 있다. 인간은 자기의 흔적을 남기는 유한적 존재이기에 감성을 지닌 시인이 자기의 존재를 확증하기 위한 고뇌와 애씀은 실로 눈물겹다. 까닭에 백복윤 시인이 "우리는 누구나/ 오지 않는 그 무엇을 기다리며/ 눈 내리는 거리를 서성이는 여인일거나/ 홍등가 불빛을 스치고 내리는/ 한 송이 눈 일거나(자갈마당에 내리는 눈)"에서 시적 상상력을 확장시켜 일상을 통해 만나고 가끔은 막연함 기대감에 가슴 쓸어내리는 시적 심리에 관해, 스카치 폴은 '예리한 메스로 상처 낸 부위를 잘라내고 토막 내며 현미경으로 확대해 보라.'며 일상에서 즉물적 현상을 탐색하는 예리한 눈과 사고력을 지닐 것을 요구하였다.

한편 '구속 없는 자유로움이 없다.'는 것은 역설일 수도 있으나, 자유에 대한 기대와 추구는 자신의 삶을 확인하는 성찰에서 비롯된다. "자유로운 인간은 본질적으로 불안정하고, 생각하는 인간은 필연적으로 불확실하다."는 에리히 프롬의 주장은 때로는, 구약(舊約) 「전도서」의 말씀처럼 '해 아래의 어느 것도 새것이 아니기에' 태양도 새 것일 수는 없다. 이처럼 인간의 삶을 위해 맑은 영혼과 따뜻한 심장을 소유하는 것은 의미 있는 작업이기에 한 사람의 충직한 독자인 우리는 "마침내 벌레 먹어 떨어진 낙엽 한 잎에라도/ 어른 된 손주가 늘 안쓰러운/ 할머니 마음처럼/ 그렇게 따스한 가슴이 되자(가을맞이)"를 통해 선한 심성 다스리기를 위해 열중하는 시인과의 운명적인 만남에 의해 작은 행복을 절감할 수 있다. 뿐만 아니라 자연을 향해 귀 열어놓고 심성을 묵언(默言)으로 다스리며 "진달래 아스라이 스러진 혼이/ 소쩍새 울음에 발걸음 돌려/ 먼 산꽃으로 다시 핀다는/ 연분홍 전설을 풍문으로 듣는다(철쭉 필 무렵)"는 시적 작위(作爲)를 통해, 목숨의 바다 위에서 비상하는 새가 무한공간을 향해 날개짓을 반복하듯, 가치 있는 삶을 위해 의식의 자각이 지속되어야 함을 교시하는 그의 시 정신은 건강하고 다감(多感)하여 생명감 또한 충족시켜준다.

이 같은 시각에서 파스(Octavio Pazz)는 "종교의 문제는 신이 아니라 시간이다."라고 제시하며 미로의 출구로 통하는 길과 출구 밖의 세계는 시간의 직선적 개념의 산물임을 천명하였듯이, 백복윤 시인이 그 자신의 시편에서 시적 형상화를 통해 존재감을 회복하고 있다. 다행스럽게도 그의 시적 이론은 필립 라아킨의 주장처럼 "시란 맑은 정신의 문제, 즉 사물을 있는 그대로 보는 것"에 관통하고 있다. 아울러 전통적 소재를 보편적 정서와 소우주의 표징으로 형상화시켜 한층 중후 감을 안겨주는 생산적이고도 담백한 시격(詩格)을 그 자신의 시사(詩史)를 빛나는 성채(城砦)로 비견하여도 결코 지나치지 아니하다. 비록 타자에 대한 언어의 배려 없이 파괴적이고 동물적인 언어를 자정 없이 쏟아내는 혼돈의 세기에 몸담을지라도 상생의 큰 틀에서 진정한 자유와 평화를 통섭하기 위하여 공동체 인식(inter-being)을 주지시키는 차별화의 노력은

유의미하다. 차지에 결론적으로 불확실의 시간대에 충만한 생명감으로 시대적 소임을 엄숙하게 수행하는 백복윤 시인에게 거는 진정한 기대는, 대륙의 심장과 역사의 정체성, 그리고 품격 높은 존재감의 회복은 물론, 우리현대 시문학사의 빛나는 실체로 순수서정시의 지평을 올곧게 지속적으로 열어가라는 것이다.

꽃으로 피고 지고

인쇄 2014년 11월 21일
발행 2014년 11월 30일

지은이 / 백 복 윤
펴낸이 / 김 창 석
펴낸곳 / 홍익출판사

주소 / 대구시 중구 삼덕3가 245-2
전화 / 053) 421-6700, 427-3627
팩스 / 053) 423-5965
등록번호 / 1987년 11월 26일 제1-107호
E-mail / hongick88@hanmail.net

정가 10,000원

ISBN 978-89-7826-261-3 03800

이 도서의 국립중앙도서관 출판시도서목록(CIP)은 서지정보유통지원시스템 홈페이지(http://seoji.nl.go.kr)와 국가자료공동목록시스템(http://www.nl.go.kr/kolisnet)에서 이용하실 수 있습니다.
(CIP제어번호 : CIP2014033960)